I0503521

Social Media Marketing für Anfänger:

Wie Sie Facebook, Snapchat und Instagram in den Griff bekommen

Maximilian Broich

Table of Contents

Einleitung

Hallo und vielen Dank, dass Sie *Social Media Marketing: „Wie Sie Facebook, Snapchat und Instagramm in den Griff bekommen"* *erworben haben.* Im Verlauf der nächsten Kapitel machen wir Sie zum Marketing Guru für Social Media. Mit Ihren neuen Fähigkeiten können Sie dann Ihre eigenen Profile so richtig aufpolieren.

Wir hoffen, dass Ihnen die Lektüre Spaß macht. Vielen Dank nochmal für Ihren Einkauf.

KAPITEL 1

Warum ist Social Media wichtig?

Früher musste man, wenn man ein brandneues Produkt auf den Markt bringen wollte ohne viel Geld dafür auszugeben, wenigstens eine Anzeige in der regionalen Tageszeitung schalten und eventuell auch einen günstig produzierten Werbespot im Regionalfernsehen platzieren. Damals brauchte man als Kleinunternehmer noch jede Menge Startkapital, um sich mit seinem Unternehmen erfolgreich im Markt etablieren zu können. Heute aber scheint es so zu sein, dass gerade die Produkte mit den kleinsten Marketing-Budgets oft die größte Aufmerksamkeit erhalten. Aber warum ist das so? Naja, die Tatsache, dass das Internet die Welt im Sturm erobert hat, spielt dabei eine sehr große Rolle.

Bevor es das Internet gab, war es harte Arbeit, etwas bekannt zu machen – und für Viele waren Zeit und Energie den ganzen Aufwand einfach nicht wert. Und so saßen sie mit tollen Ideen im Kopf einfach nur so herum – und hatten keine Möglichkeit, die Welt daran teilhaben zu lassen. Eigentlich wirklich traurig. Können Sie sich vorstellen, eine wirklich tolle Idee nicht mit Ihren besten Freunden besprechen zu können, nur, weil diese zu weit weg sind? Aber zum Glück ist genau das kein Problem mehr – weil das Internet Millionen von Menschen verbindet.

Immer mehr Firmen nutzen heutzutage die Möglichkeiten der sozialen Netzwerke. Diese Netzwerke verbinden Menschen rund um den Globus. Alles, was sie tun müssen, ist, irgendwo irgendwann etwas einzutippen – und Millionen auf der ganzen Welt können es auf Anhieb lesen. Wenn man darüber nachdenkt, eigentlich eine unglaubliche

Sache. Vor 20 Jahren war das noch undenkbar. Damals steckte das Internet noch in den Kinderschuhen und war auch ziemlich teuer.

Jetzt aber ist das Internet zu einem Gebrauchsgut geworden. Ähnlich wie Elektrizität. 90% der Haushalte verfügen über einen Internet-Anschluss. Und 5% derer, die keinen haben, gehören entweder zu Amish-Glaubensgruppe oder lehnen die Errungenschaften der Neuzeit aus anderen Gründen ab. Die restlichen 5% leben unterhalb der Armutsgrenze. Das zeigt, wie wichtig das Internet heutzutage geworden ist. Schulen geben heute Tablets an ihre Schüler aus und stellen ihnen WIFI zur Verfügung. Computerräume sind nicht mehr vollgestellt mit riesigen Windows 98 – Computern, sondern verfügen über schicke und schmale Windows 10 – Rechner. Fast jeder hat einen Account auf irgendeinem Social Media Netzwerk und die meisten Menschen verbringen täglich viel Zeit damit, ihre Benachrichtigungen zu überprüfen oder einfach nur durch die Meldungen zu scrollen, wenn ihnen langweilig ist.

Social Media ist mittlerweile für unser tägliches Leben so unverzichtbar geworden, dass wir es für praktisch jede Kommunikation mit unseren Mitmenschen in irgendeiner Form nutzen. Ältere Menschen beschweren sich oft darüber, dass die Jüngeren so viel Zeit damit verbringen, sich über das Internet mit anderen jungen Leuten zu unterhalten und dadurch die Menschen vergessen, die sie direkt vor der Nase haben. Und das kann sich tatsächlich zum Problem entwickeln. Es ist nämlich gar nicht so einfach, die richtige Balance zwischen Realität und "imaginärer Social Media Welt" zu finden – ganz besonders dann nicht, wenn Sie auch Ihre Geschäfte darüber abwickeln möchten.

Was also verstehen wir genau unter Social Media? Ich bin mir zwar ziemlich sicher, dass jeder weiß, wie man dieses Medium benutzen kann, aber lassen Sie uns einmal einen Blick auf die technischen Aspekte werfen. Was bedeutet Social Media? Damit meinen wir jene Plattformen, über die die Menschen ihr Leben mit anderen Menschen auf der ganzen Welt teilen können. Sie können sich mit anderen Menschen aus den unterschiedlichsten Bevölkerungsschichten über Dinge unterhalten, die sie auch bei einer Dinner-Party besprechen würden. Sie können mit Freunden aus früheren Zeiten in Verbindung bleiben, die weggezogen sind und neue Freunde finden, die über alle Bundesstaaten verteilt sind.

Die Anfänge von Social Media liegen bei Webseiten wie MySpace. Diese Seiten wurden hauptsächlich von Teenagern benutzt und waren auch speziell auf die jüngere Generation zugeschnitten, um es ihnen zu ermöglichen, sich mit Klassenkameraden zu vernetzen und nach der High-School mit ihnen in Verbindung zu bleiben. Irgendwann haben aber auch die Erwachsenen die sozialen Netzwerke für sich entdeckt und viele weitere Seiten wurden entwickelt. Mittlerweile gibt es soziale Netzwerke für Bilder, Statusmeldungen, Mini-Blogs, Dating-Sites und vieles mehr.

Genau diese Seiten sind für Marketing-Verantwortliche großartige Werkzeuge, weil sie darüber sehr viele Menschen auf einmal erreichen können – und das, ohne Geld dafür ausgeben zu müssen. Es gibt zwar auch die Möglichkeit, den Posts gegen eine bestimmte Gebühr mehr Reichweite zu verschaffen, aber selbst dies ist immer noch wesentlich günstiger, als eine Zeitungsanzeige zu schalten. Darüber hinaus wird Social Media von Marketern heutzutage häufig benutzt, um über Neuerungen in ihrem Unternehmen zu berichten. Und genau dadurch bringt sich der kleine Junge wieder ins Gespräch.

Unter dem "kleinen Jungen" verstehen wir einen Firmengründer, der sich gerade erst mit seiner Firma selbständig gemacht hat, ohne unbedingt viele Geldgeber zu haben. Daher ist das Geld auch ein bisschen knapp. Es gibt viele Plattformen, über die er seine Idee ohne großen Aufwand mit vielen Menschen teilen kann. Und das hilft diesem kleinen Jungen dabei, seine Idee ins Gespräch zu bringen. Dafür muss er nicht viel Geld ausgeben, realistisch betrachtet, wenn er es richtig angeht, sogar gar keines. Dadurch spart er Geld, das er in seine Produktentwicklung stecken kann – um eine noch bessere Qualität anbieten zu können.

Social Media ist nicht nur für Menschen gemacht, die Dinge aus Ihrem Leben mit anderen teilen möchten. Sie können darüber auch miteinander in Verbindung treten und so Zugang zur Öffentlichkeit erhalten. Und dadurch können Sie die Aufmerksamkeit von Menschen auf der ganzen Welt auf sich lenken. Und genau hier liegt das Ziel vieler Menschen, die Social Media für sich nutzen. Aufzufallen und berühmt zu werden. Manche Menschen dagegen nutzen es nur, um die Verbindung zu Familie und Freunden nicht abreißen zu lassen.

Vor ein paar Jahren galt es noch als verpönt, über Social Media Werbung zu machen, da es als "billig" angesehen wurde. Heute aber hat es sich zur neuen Norm weiterentwickelt. Jeder nutzt es – angefangen bei Firmen, die Vitaminpräparate verkaufen bis hin zu Unternehmen, die auf der Suche nach neuen Mitarbeitern sind. Die Schlange an Menschen, die Social Media für ihre Werbung nutzen, nimmt kein Ende.

Das sind die wichtigsten Gründe dafür, dass Social Media heute so unverzichtbar geworden ist. Nicht nur geschäftlich für Marketing und PR, sondern auch privat, um z.B. mit Oma in Verbindung zu bleiben, wenn man im Ausland unterwegs ist oder zwecks Studium in eine andere Stadt zieht. Es hält die Menschen zusammen und eignet sich gut dazu, ein bestimmtes Ereignis gleich mehreren Freunden auf einmal zu erzählen.

KAPITEL 2

Was versteht man unter Social Media Marketing

Okay, wir haben uns also darüber Gedanken gemacht, warum Social Media so wichtig ist. Jetzt ist es an der Zeit, sich zu überlegen, warum Sie Social Media unbedingt auch zur Selbstvermarktung nutzen sollten. Und das fängt mit der Frage an "Was versteht man unter Social Media Marketing genau?"

Social Media Marketing bedeutet nichts anderes, als sein Produkt oder seine Dienstleistung über Social Media Plattformen der Öffentlichkeit zu präsentieren und darauf zu hoffen, dass viele Menschen sich für das Angebot interessieren. Um die Möglichkeiten dieser Plattformen nutzen zu können, müssen Sie einfach bei Webseiten wie Facebook, Twitter, Snapchat, Pinterest und Co einen Account anlegen. Über diese Seiten generieren Sie umso mehr Traffic, je mehr Menschen sich für Ihr Angebot interessieren.

Und damit kommen wir zur nächsten Frage: Wie bringen Sie die Menschen dazu, sich für Ihr Angebot zu interessieren und es wahrzunehmen?

Genau darum geht es in diesem Buch. Zu lernen, wie man seine Produkte auf den verschiedenen Plattformen am besten vermarktet. Aber nicht nur das. Wir möchten Ihnen auch beibringen, wie Sie schnell eine große Zahl an Followern aufbauen können, die Ihnen dabei helfen werden, Ihr Produkt oder Ihre Dienstleistung ins Gespräch zu bringen. Wenn Sie das Buch zu Ende gelesen haben, sollten Sie über das nötige Wissen verfügen, um jedes Produkt erfolgreich auf jeder einzelnen Plattform anbieten zu können.

Warum über Social Media Werbung machen?

Eine sehr gute Frage, die viele Menschen zu Recht stellen. Und darauf gibt es leider keine einfache, allgemein gültige Antwort. Die Gründe sind von Person zu Person unterschiedlich. Einige grundsätzliche Gründe, die dafürsprechen, das Internet für Eigenwerbung zu nutzen, haben wir Ihnen trotzdem hier zusammengestellt.

- Traffic: Millionen von Menschen benutzen diese Seiten jeden Tag. Und das bedeutet auch, dass Sie Ihr Produkt und dessen Namen Menschen in aller Welt vorstellen können. Und das ist gut. Je mehr Menschen über Ihr Produkt informiert sind, desto höher sind Ihre Chancen, auch etwas zu verkaufen. Wenn keiner weiß, dass es Ihr Produkt überhaupt zu kaufen gibt, werden Sie wahrscheinlich auch kaum etwas verkaufen können.

- Kostenlos: Einen Beitrag auf einer dieser Plattformen im Internet zu veröffentlichen, ist praktisch kostenlos. Kosten entstehen Ihnen lediglich für die Nutzung des Internets an sich – wenn Sie immer das günstigste Paket auswählen, sind auch diese Kosten sehr überschaubar.

- Manchmal kann man auch einfach in eine öffentliche Bibliothek gehen und den Internetzugang dort nutzen, ohne Gebühren dafür zahlen zu müssen. Dadurch würde Ihr Marketing Sie überhaupt nichts kosten. Nur wenn Sie sich dafür entscheiden, die Reichweite Ihrer Posts durch die Zahlung einer Gebühr zu erhöhen, entstehen Ihnen Kosten. Und diese Gebühren sind nicht hoch. Es ist immer noch billiger als eine Anzeige in der örtlichen Tageszeitung.

- Unkompliziertheit: Etwas über Social Media zu vermarkten, ist so einfach. Das Einzige, was man dafür tun muss, ist genügend Follower zu gewinnen und Posts zu veröffentlichen.

Follower zu gewinnen ist dabei wahrscheinlich noch die größte Herausforderung – und sie erfordert auch etwas Arbeit. Diese Arbeit ist zwar nicht sehr schwer, wenn man nicht gerade extrem schüchtern ist, aber dennoch zeitaufwändig. Wenn man aufgeschlossen ist und keine Angst davor hat, sich mit Fremden zu unterhalten, wird man keinerlei Probleme haben. Und auch wenn man eher schüchtern ist, ist es immer noch ziemlich einfach, mit Fremden in Kontakt zu treten. Schließlich kann man sich quasi "hinter dem Bildschirm verstecken".

- Freunde: Auf dem Weg zum Erfolg findet man oft auch Freunde. Und diese Freunde helfen Ihnen wieder dabei, Ihr Produkt oder Ihre Dienstleistung ins Gespräch zu bringen, zum Beispiel dadurch, dass sie das Angebot mit ihren Freunden teilen, oder Posts für Ihre Produkte verfassen. Behalten Sie auch im Hinterkopf, dass sie eventuell auf diesem Weg potenzielle Arbeitnehmer kennenlernen könnten, die Sie brauchen werden, wenn Ihre Firma die ersten Erfolge verzeichnet. Die Freunde, die Sie jetzt kennenlernen, werden in neun von zehn Fällen auf dem weiteren Weg für Sie sehr wertvoll sein. Seien Sie nett zu ihnen.

- Geteilte Inhalte: Wenn Sie auf einer Social Media Plattform Werbung für Ihr Produkt oder Ihre Dienstleistung machen, werden Ihre Social Media Freunde Ihren Post weiterteilen, so dass auch deren Freunde von Ihrem Angebot erfahren. Dadurch können Sie neue Zielgruppen ansprechen und neue Kunden generieren. Das einzige, was Sie garantieren müssen ist, dass es ihr Produkt auch wert ist, auf diese Weise in aller Munde zu sein – dann werden die Menschen auch gerne darüber sprechen.

- Ein frischer Markt: Im Moment steht Social Media Marketing ganz hoch im Kurs. Daher ist es auch sehr gern gesehen, wenn ein Jungunternehmer versucht, sich auf diesen Plattformen einen Namen zu machen. Irgendwann wird das Interesse wieder abschwächen und die Menschen werden Ihre Statusmeldungen etwas seltener überprüfen. Ganz besonders dann, wenn einen die Meldungen nicht "von den Füßen hauen". Dann geht es einem ähnlich wie bei diesen Werbespots um 3 Uhr morgens. Aber soweit sind wir noch nicht. Momentan liegt teilen ganz im Trend. Wenn Sie es jetzt schaffen, sich eine entsprechende Gefolgschaft aufzubauen, werden Sie in den nächsten Jahren davon profitieren können und es wird sie auch vor dem wahrscheinlichen Crash in der Zukunft schützen können – da Sie das Interesse an Ihrem Produkt ja bereits in der Vergangenheit erfolgreich geweckt haben.

Das sind nur einige der Gründe, warum Sie das Internet für Ihr Marketing nutzen sollten. Wir haben hier wirklich nur eine Handvoll an Gründen aufgeführt – sozusagen als kleine Zusammenfassung aller Gründe, die es gibt. Wenn Sie sich immer noch nicht sicher sind, ob Social Media Marketing wirklich das Richtige für Sie ist, sollten Sie sich einfach einmal die folgenden Fragen stellen:

"Haben sich viel Geld für Ihre Marketing-Aktivitäten zur Verfügung?"

"Haben Sie die Zeit, um als Verkäufer von Tür zu Tür zu ziehen?"

"Heißen Sie Donald Trump? Können Sie Ihren Vater einfach so bitten, Ihnen schnell die "Kleinigkeit" von 1 Mio. Dollar zu leihen?"

Wenn Sie auch nur eine dieser Fragen mit "Nein" beantwortet haben, dann sind Sie beim Social Media Marketing auf jeden Fall genau richtig. Wenn Sie alle diese Fragen bis auf die letzte mit "Ja" beantwortet haben, können Sie Social Media trotzdem für Ihr Unternehmen nutzen, um zum Beispiel Ihren Namen ins Gespräch zu bringen oder Werbung zu posten, damit die Breitenwirkung etwas heraufgesetzt wird und vieles mehr. Wenn Sie die letzte Frage mit ja beantwortet haben, sind Sie der Präsident der Vereinigten Staaten. Warum lesen Sie dieses Buch dann überhaupt?

Aber jetzt mal Spaß beiseite. Social Media Marketing ist für die heutige Generation ein unbezahlbares Werkzeug. Die Leichtigkeit, mit der Sie miteinander kommunizieren können – mit Menschen, die Sie noch nie zuvor gesehen haben, ist einfach unglaublich. Und es ist eine sehr gute Idee, das auch für sich zu nutzen.

KAPITEL 3

Facebook

Wenn Sie noch nichts von Facebook gehört haben, haben Sie bis jetzt gut versteckt in einem Erdloch gelebt, oder sind noch zu jung, um Facebook für sich entdeckt zu haben. Heutzutage weiß einfach jeder, was Facebook ist – sogar diejenigen, die selbst keinen Account haben. Es gibt die Plattform seit 2006 und bis heute kann die Webseite unter allen Social Media Seiten den höchsten Traffic verzeichnen. Das kommt auch daher, dass die Seite ständig weiter verbessert wird und auch Features mit aufnimmt, die andere Plattformen auf den Markt bringen. So bleibt die Seite ständig im Gespräch und erhält fortwährend öffentliches Interesse.

Facebook ist eine Erfindung von Mark Zuckerberg und einigen seiner Klassenkameraden aus Harvard. Allerdings hieß die Seite nicht immer Facebook. Bevor man sich auf diesen Namen einigte, wurden verschiedene Alternativen ausprobiert und einige nicht ganz so legale Aktivitäten vom Stapel gelassen.

Mark Zuckerberg hackte sich zum Beispiel in die Harvard Datenbank ein, die alle Informationen der Studenten enthielt, um daraus ID-Profile und damit eine Webseite zu erstellen, die mit einer anderen Seite konkurrieren konnte, die als "Hot or Not" bekannt war. Diese Webseite nahm die Bilder zweier Nutzer und stellte sie einander gegenüber. Der Benutzer musste anschließend entscheiden, welcher von beiden Abbildungen ihn oder sie eher ansprach. Zuckerberg nannte seine Kreation "Facemash" – und für die paar Tage, in denen die Site online war, war sie auch sehr beliebt. Pro Stunde gab es ca. 450 User. Allerdings nahm Havard die Seite schnell wieder vom Netz und eröffnete gegen Zuckerberg ein Verfahren wegen der Umgehung von Sicherheitseinrichtungen und Missachtung der Privatsphäre. Die Anklage wurde später fallengelassen und Zuckerberg beschloss, erneut einen Versuch zu starten. Allerdings wollte er dieses Mal ein Tool entwickeln, dass für das Studium verwendet werden konnte. Er lud einige Bilder einer Kunstgeschichte-Prüfung ins Netz und ermöglichte es den Nutzern, diese Bilder zu kommentieren. Und schon bald teilten die Studenten auf dem gesamten Campus ihre Notizen miteinander – von ihrem Computer aus.

Am Ende entschloss sich Zuckerberg, inspiriert von einem Artikel über den "Facemash-Vorfall", es noch einmal mit einem Social Network für die Universität zu versuchen und programmierte "thefacebook". Die Seite wurde unter der Domain http://www.thefacebook.com ins Netz gestellt und war von Anfang an ziemlich erfolgreich. Allerdings war die Benutzung, anders als bei dem Facebook, das wir heute kennen, nur für Harvard-Studenten möglich. Das Netzwerk war leider nicht für jeden im Internet zugänglich. Im Jahr 2004, nur 6 Monate nachdem die Plattform ursprünglich online gestellt worden war, hatte sich die Seite bereits auf mehrere Universitäten ausgedehnt und wurde auch von Studenten vieler anderer Bildungseinrichtungen verwendet.

Nachdem er eine größere Geldsumme als Investition von Peter Thiel, Mitbegründer von Paypal, erhalten hatte, kaufte Zuckerberg die Domain facebook.com und strich das "the" aus dem Namen. Nachdem er den neuen Domain-Namen erworben hatte, lud Zuckerberg Studenten von verschiedenen Colleges und Mitarbeiter großer Konzerne wie Microsoft und Apple dazu ein, seine Seite zu nutzen. Kurz danach, im Jahr 2006, wurde Facebook auch für die Allgemeinheit geöffnet.

Facebook bietet eine ganze Reihe an Funktionen – und jedes Jahr kommen neue hinzu. Man kann zum Beispiel eine Gruppe oder eine eigene Seite für sein Business eröffnen, seinem Ex hinterherschnüffeln, mit Freunden in Verbindung bleiben, oder eine Veranstaltung planen und alle Gäste per Knopfdruck dazu einladen. Man bekommt eine kurze Nachricht, wenn ein Freund Geburtstag hat und kann mitverfolgen, was Freunde und Bekannte die ganze Zeit so anstellen. Sie können die Leute in den einzelnen Posts, die Sie für nützlich oder witzig halten, "taggen", oder auch in Fotos, auf denen Sie mit ihnen zusammen abgebildet sind. Sie können auch Posts auf den Seiten Ihrer Freunde online stellen, welche dann deren gesamte Freunde sehen können. Bei Facebook gibt es so vieles, was man damit machen kann – und es werden immer weitere Funktionen hinzugefügt.

Hier einige der Funktionen aus Facebook und kurze Infos dazu, wie Sie sie am besten nutzen können.

- Tags: Damit kann man seine Freunde ganz einfach auf etwas aufmerksam machen, wenn man möchte, dass sie sich etwas Bestimmtes ansehen. Wenn man sie taggt, bekommen Sie darüber eine Benachrichtigung. Und diese Tags lassen sich bei vielem einsetzen. Von lustigen Posts über ein Foto zusammen mit der entsprechenden Person. Heutzutage ist es ganz einfach, eine bestimmte Person auf Facebook zu taggen. Dazu braucht man nur den Namen der entsprechenden Person einzutippen und dann, wenn sich die entsprechende Dropdown-Box öffnet, draufklicken. Und zack, schon ist der Tag zum Posten bereit. Tags sind superpraktisch, weil auch die Freunde von der Person, die getagged wurde, den Beitrag sehen können. Wenn Sie also die Tags bei Ihren neuen Produkten entsprechend gut einsetzen, werden das auch die Freunde Ihrer Freunde sehen. Allerdings müssen Sie sich vorher absichern, dass die Personen sich auch taggen lassen wollen. Wenn sie die Tags nämlich melden, kann es passieren, dass Facebook Ihre Seite eine Zeitlang offline nimmt.

- Check-ins: Check-ins sind sehr hilfreich, aber auch eine der gefährlicheren Funktionen, die Facebook zur Verfügung stellt. Für Privatpersonen sind Check-Ins eigentlich nicht zu empfehlen, es sei denn, man befindet sich irgendwo auf öffentlichem Gelände wie zum Beispiel einem Restaurant oder einem Kaufhaus. Wenn einem nämlich ein Stalker hinterherjagt, kann dieser über die Funktion den exakten Standort seiner Zielperson ermitteln. Und beim Gedanken daran kann einem schon etwas mulmig werden. Aber auf jeden Fall sind Check-ins gut für das Geschäft, weil dadurch, dass die Leute sie nutzen, der Ort an dem sie sich befinden, im Internet verzeichnet wird. Und auch wenn das Geschäft nicht gerade in einer Haupteinkaufsstraße liegt, so finden es andere doch relativ einfach auf der bereitgestellten Karte inklusive kurzer Wegbeschreibung. Und das kann Ihrem Business auf die Sprünge helfen, weil die Menschen dann genau auf der Karte sehen können, wo Ihr Geschäft zu finden ist. Allerdings sollten Sie Check-Ins nicht nutzen, wenn Sie Ihr Geschäft von zu Hause aus betreiben.

- Seiten: Diese helfen Ihrem Marketing wirklich auf die Sprünge. Auf diesen "gewerblichen" Seiten bekommen Sie eine Präsenz, die nur für Ihr Geschäft bestimmt ist und die die Menschen nach einer ganz kurzen Suche einfach finden können. Dort können die Interessenten für Ihr Unternehmen "Gefällt mir" markieren, der Seite folgen und Ihnen über die Seite Nachrichten zukommen lassen. Dadurch sind Sie in der Lage, Ihr privates Profil getrennt von Ihrem geschäftlichen Profil zu führen. Auf diese Weise wissen Sie auch immer genau, ob sich jemand für Ihr Geschäft interessiert oder für Ihren privaten Bereich. Seiten wurden speziell für Geschäfte entwickelt und Sie haben dort die Möglichkeit, Ihre Geschäftszeiten einzugeben und den Account mir Ihrer Website zu verlinken, wenn Sie eine haben sollten. Auch können Sie Ihr Unternehmen genau beschreiben. Veröffentlichen Sie auf diesen Seiten die unternehmensrelevanten Posts und trennen Sie damit Geschäft von Privatleben.

Seiten sind ein sehr wichtiger Teil von Facebook und viele Unternehmen und berühmte Personen und

Wohltätigkeitsunternehmen haben heute eigene Seiten für Ihre Geschäfte. Lassen Sie sich davon aber keine Angst einjagen. Nur weil es bereits viele Seiten gibt bedeutet das nicht, dass Sie mit Ihrer neuen Seite kein Interesse wecken können. Lassen Sie Ihre Familie und Ihre Freunde davon erfahren und teilen Sie die Seite auch mit anderen Gruppen oder Seiten. Auf diese Weise erfahren die Menschen, wo Sie Ihre Produkte bekommen können. Wenn Sie eine Seite aufbauen, werden die Leute Sie finden. Sie müssen sich nur ein wenig Mühe geben.

- Gruppen: Werden normalerweise zum Kaufen und Verkaufen genutzt. Hier werden z.B. online Flohmärkte organisiert. Auch eine Gruppe kann für Ihr Geschäft nützlich sein. In diesen Gruppen haben die Menschen die Möglichkeit, Sachen zu posten, die sie brauchen oder gerne haben würden. Die anderen Gruppenmitglieder sehen dann diese Anzeige und können entsprechend darauf antworten. Wenn Sie ein Produkt anbieten, könnten Sie zum Beispiel eine Feedback-Gruppe aufbauen, in der Ihre Kunden die Möglichkeit haben, Ihnen mitzuteilen, wie Ihnen Ihr Produkt gefällt oder was Sie vielleicht daran ändern könnten.

- Live: Facebook bietet heute für neuere Endgeräte auch die sogenannte "Live-Option" an. Dazu müssen die Geräte allerdings mindestens mit OS 4.4 laufen, egal ob mit Android oder Apple. Das Wichtigste ist, dass das Gerät über den richtigen Prozessor verfügt. Live macht es Ihnen möglich, sich live und in Echtzeit über Streaming mit den Menschen zu unterhalten. Die Live-Zuschauer können ihre Fragen in den Kommentaren posten und Sie können sie direkt beantworten. Damit können Sie sich auch direkt mit einzelnen Kunden unterhalten und genau diese Art der Interaktion wird für Ihr Unternehmen Wunder wirken. Wenn Sie die entsprechenden Voraussetzungen zur Verfügung haben, sollten Sie diese Option daher unbedingt nutzen. Live gibt Ihnen die Möglichkeit, mit

Ihren Kunden direkter in Kontakt zu treten, als das über das geschriebene Wort möglich ist. Sie können mit Ihren Kunden über Videostreaming sprechen. Und auch wenn diese nur die Option haben, über die Kommentarfunktion zu antworten, werden sie trotzdem das Gefühl bekommen, dass sie sich tatsächlich mit Ihnen unterhalten. Diese Art der menschlichen Interaktion ist sehr wichtig, wenn Sie die Menschen dazu bringen möchten, Ihr Produkt wirklich ins Gespräch zu bringen. Auch wenn Sie sich nur 20 Minuten für einen Live-Chat Zeit nehmen, werden Sie den Menschen damit das Gefühl geben, dass Ihnen Ihre Kunden wichtig sind und dass Sie sich persönlich um deren Fragen und Anliegen kümmern.

Das sind einige der neueren Features die Facebook eingeführt hat, seit die Seite zum ersten Mal online ging. Es sind großartige Werkzeuge für Menschen, die Ihr Geschäft am Markt etablieren möchten und sie eignen sich auch wunderbar dazu, Menschen mit gemeinsamen Interessen zusammenzubringen. Es gibt aber auch bestimmte Standard-Features bei Facebook, die man für sein Unternehmen nutzen kann. Allerdings ist dabei etwas Vorsicht geboten, weil diese Funktionen normalerweise Bestandteil der "normalen" Profile für Privatpersonen sind – und Privates und Geschäftliches sollte man immer strikt trennen. Hier einige der Funktionen, die zum Standard zählen und seit Anfang an nicht aus Facebook wegzudenken sind.

- Nachrichten: Hier erfährt man, was die Menschen über bestimmte Dinge zu sagen haben. Man bekommt die Meldungen auf seiner persönlichen Startseite als Nachrichten-Feed angezeigt. Man kann auch Dinge teilen, die dann andere Facebook-User in Ihrem Newsfeed angezeigt bekommen. Wenn den Menschen Ihre Seite gefällt und sie diese mit "Gefällt mir" markieren, werden sie Ihre Statusmeldungen künftig in ihrem eigenen Newsfeed angezeigt bekommen. Der Newsfeed wird oft auch als "Timeline" bezeichnet. Das ist sehr hilfreich, denn wenn sie "Gefällt mir" markieren, sobald Sie einen Beitrag gesehen haben, taucht dieser auch im Newsfeed ihrer Freunde auf. Allerdings sollten Sie sich beim Teilen von Inhalten auf Ihrer privaten Seite etwas zurückhalten. Sie möchten ja schließlich nicht alle Ihre Freunde verlieren, weil diese es satthaben, Posts über Ihr Geschäft lesen zu müssen. Sie kennen ja sicher das Sprichwort, dass sich in der eigenen Familie die größten Kritiker verbergen. Begrenzen Sie daher Ihre geschäftlichen Statusmitteilungen auf Ihrer persönlichen Seite auf ein Minimum. Nur zur Sicherheit.

- Fotos teilen: Fotos können entweder auf der persönlichen oder der Geschäftsseite geteilt werden. Fotos eignen sich ideal dazu, Bilder von Ihren Produkten zu zeigen – so sehen die Leute auch gleich, was sie wirklich bekommen. Sie können auch Bilder von Ihren Geschäftsräumen posten, damit sich Ihre Kunden und potenziellen Kunden besser mit Ihrem Unternehmen identifizieren können. Mit dem Teilen von Fotos geben Sie Ihrer Seite ein kleines Stück mehr Persönlichkeit.

Es gibt zwar noch viele weitere Funktionen auf Facebook, aber die sind für Marketing-Zwecke nicht relevant und es würde zu weit führen, diese hier ebenfalls mit aufzuführen. Um das Ganze so interessant wie möglich zu gestalten, wenden wir uns daher jetzt der Frage zu, warum Facebook so unverzichtbar geworden ist.

KAPITEL 4

Warum Sie Facebook nutzen sollten und wie es am besten funktioniert

Wenn Sie sich wundern sollten, warum die Nutzung von Facebook als Marketing-Werkzeug eine gute Idee ist, sind Sie hier genau richtig. Facebook erzielt unter allen Social Media Seiten mit Abstand die höchste Reichweite. Das alleine ist schon ein guter Grund dafür, das Produkt dort zu vermarkten. Aber darüber hinaus gibt es noch weitere gute Gründe. Hier einige davon, angefangen mit der Beliebtheit.

- Facebook hat sich, seitdem es der Öffentlichkeit zugänglich gemacht wurde, zu der beliebtesten Social Media Seite überhaupt entwickelt. MySpace zum Beispiel wurde von Facebook innerhalb von Monaten überholt. Wenn sie da schon auf der Welt waren, werden Sie sich noch erinnern, welchen Aufruhr es damals gab. Es sah so aus, als würde jeder Ihrer Freunde dort ein Profil haben. Und heutzutage scheint kaum noch jemand zu wissen, was MySpace eigentlich ist. Das hat auch damit zu tun, dass Facebook so beliebt geworden ist – alles andere haben die Menschen danach einfach vergessen. In der ersten Woche hatte die Seite noch ungefähr 100.000 Nutzer. Heute besuchen täglich ca. 1 Mrd. Menschen die Plattform. Das sind mehr Nutzer, als auf der zweit- und der drittgrößten Plattform gemeinsam auftauchen. Wenn Sie dort also etwas online stellen, wird es auch von den Menschen wahrgenommen werden – besonders dann, wenn Sie etwas auf einer öffentlichen Seite posten.

- Ein weiterer großer Vorteil von Facebook ist sein klares und einfaches Design, mit dem sich die Seite von allen anderen Plattformen unterscheidet. Es gibt viele verschiedene Möglichkeiten, auf Facebook etwas zu posten, die jeder lernen kann. Einige der Neuerungen wie zum Beispiel das Live-Feature kann zwar sehr verwirrend sein, aber trotzdem ist es noch relativ einfach zu verwenden. – und man muss auch den entsprechenden Button nicht erst lange suchen. Er befindet sich nämlich ganz oben beim Nachrichtenfeed.

- Facebook wird uns noch eine lange Zeit erhalten bleiben. Bei vielen anderen Social Media Seiten scheint es jedoch so zu sein, als ob sie mit einem Paukenschlag auftauchen würden, nur um dann nach einer gewissen Zeit einfach so wieder von der Bildfläche zu verschwinden bzw. von Bots oder Hackern überrannt zu werden. Ein Problem dieser Social Media Seiten ist oft, dass die Nutzer sich mit "Camera Girls oder –Boys" herumärgern müssen. Darunter versteht man Menschen, die diese Plattformen dazu nutzen, um Ihre Pornoseiten zu vermarkten. Sie fordern die Nutzer zum Besuch dieser Seiten auf und versprechen kostenlose Angebote – aber am Ende wird man doch zur Kasse gebeten. Wenn man derlei Seiten auf Facebook meldet, werden sie umgehend entfernt. Auch deswegen ist Facebook schon seit Langem so beliebt – die Moderatoren sind sehr streng und passen sehr gut auf. Allerdings gibt es einige Probleme mit dem Schutz der Privatsphäre. Schließlich ist niemand perfekt.

- Wenn man seine Posts öffentlich sichtbar macht, können Sie sogar von Menschen gesehen werden, mit denen man gar nicht befreundet ist. Dann kann jeder sehen, was gepostet wird. Am besten ist es, sein privates Profil auch privat zu lassen und das Geschäftsprofil öffentlich sichtbar zu machen. Auf diese Weise werden Leute ausgeschlossen, mit denen Sie keine persönlichen Informationen teilen möchten, die Informationen über Ihr Geschäft können Sie aber dennoch mitverfolgen. Eine derartige Abgrenzung ist sehr praktisch, weil Sie auf diese Weise Geschäft und Privatleben perfekt voneinander trennen können – ohne gleich einen komplett neuen Account eröffnen zu müssen.

Das sind nur einige der Gründe, warum Facebook Ihnen bei Ihrem Marketing helfen kann. Es gibt noch so viele weitere, aber einiges dürfen Sie auch gerne selbst herausfinden. Am besten probieren Sie es einfach aus. Und es kann auch Gründe geben, die nur für Sie und Ihr Unternehmen funktionieren. Auch das müssen Sie für sich selbst herausfinden.

Wie Marketing auf Facebook funktioniert

Jetzt da wir Ihnen erklärt haben, warum Sie Facebook für Ihr Marketing verwenden sollten, wenden wir uns dem nächsten Schritt zu – und zwar wie das Marketing auf Facebook am besten funktioniert. Dieser Prozess lässt sich in viele Teilschritte unterteilen, jeder für sich genommen ist aber ganz einfach. Alles was Sie brauchen ist die Fähigkeit, sich mit Leuten zu unterhalten, Grundkenntnisse im Tippen, Rechtschreibung und Grammatik und natürlich ein Produkt, das Sie vermarkten können. Wenn Sie diese drei Dinge Ihr Eigen nennen können, ist alles in Ordnung.

Die Vermarktung über Facebook kann das wertvollste Werkzeug für Sie sein. Wenn Sie es richtig anstellen, können Sie Ihr Produkt alleine schon über Ihre Online-Präsenz auf diesem beliebten Netzwerk sehr gut verkaufen. Hier einige der Schritte, die Sie zur Vermarktung auf Facebook zurücklegen müssen.

Eine Seite aufbauen

Eine Seite für Ihr Geschäft zu haben, ist immer ein sehr guter Anfang. Die Seiten wurden aus gutem Grund bei Facebook mit aufgenommen. Sie finden dort alles was Sie brauchen, um Ihren

Interessenten von Ihrem Geschäft zu erzählen, Ihre Mission zu beschreiben und alle Informationen zu teilen, welche für Ihr Produkt oder Ihre Dienstleistung wichtig sind. Und dadurch, dass Sie eine eigene Geschäftsseite implementieren, wird auch Ihr privates Profil nicht mehr mit geschäftlichen Dingen überschwemmt. Sie können entweder Administratoren bestimmen, die Ihre Seite verwalten, oder das auch selbst übernehmen. Unter Administratoren versteht man Menschen, denen Sie genug Vertrauen entgegenbringen, um die Seiteninformationen mit ihnen zu teilen. Sie können sich zum Beispiel um die Seite kümmern und sie am Laufen halten, wenn Sie zu beschäftigt sind.

Eine Facebook-Seite aufzubauen ist sehr einfach. Gehen Sie dazu einfach zu Ihrem Hauptmenü. Wir benutzen hier mobile Endgeräte, da diese in der letzten Zeit immer beliebter geworden sind. Und das gilt nicht nur für das Aufsetzen einer Seite. Mittlerweile wird fast alles von mobilen Endgeräten aus erledigt.

Das Seitenmenü versteckt sich hinter den drei Linien auf der rechten Seite oberhalb der Nachrichtenmeldungen (genau dort, wo Sie auch die Suchfunktion, die Nachrichten und die Benachrichtigungen finden). Beim I-Phone können sich auch an der Stelle drei Punkte befinden. Wenn Sie diesem Menü folgen, finden Sie die Option "Seiten" und dort sind auch die Seiten aufgelistet, die Sie mit "Gefällt mir" markiert haben. Unterhalb davon finden Sie die Möglichkeit, eine neue Seite anzulegen. Danach werden Sie gefragt, worum es bei der Seite geht. Hier können Sie wählen zwischen "Geschäft", "Wohltätiger Zweck" und "Sonstiges". Hier sollten Sie sich für die Option "Geschäft" entscheiden. Sobald Sie Ihre Wahl getroffen haben, läuft alles automatisch Schritt für Schritt ab, bis Ihre Seite fertig erstellt ist.

Sie sollten unbedingt Informationen zu Ihren Öffnungszeiten hinterlegen, genauso wie die Adresse Ihrer Webseite, wenn Sie eine besitzen. Und füllen Sie unbedingt auch Ihre Biographie aus. Hier können Sie der Welt von Ihrem Produkt erzählen und warum die

Kunden es unbedingt kaufen sollten. Fassen Sie sich aber unbedingt kurz. Es steht Ihnen nur eine begrenzte Anzahl an Worten zur Verfügung. Aber unterschätzen Sie diesen Punkt nicht – hiermit können Sie die Besucher ermuntern, sich weiter auf Ihrer Webseite umzusehen. Geben Sie sich also alle Mühe, genau das zu sagen, was Sie eigentlich sagen möchten.

Als nächstes müssen Sie noch ein gutes Profilfoto hinzufügen und ein passendes Titelbild auswählen. Geben Sie sich bei beiden besonders viel Mühe, denn damit repräsentieren Sie Ihre Marke. Genau die Marke, mit der Sie langfristig Erfolg haben möchten. Für Ihr Profilbild sollten Sie entweder Ihr Firmen- oder Produktlogo nehmen – und dasjenige, das Sie nicht als Profilbild verwenden, sollten Sie in Ihr Titelbild einbauen. Das Profilfoto ist besonders wichtig, da es Aufmerksamkeit erzeugen kann – auch dadurch, dass die anderen Nutzer es in Ihren Kommentaren sehen werden.

Und jetzt wird es Zeit, die ersten Posts zu verfassen. Mit Ihren ersten Beiträgen sollten Sie sich und Ihr Produkt vorstellen. Fangen Sie nicht gleich damit an, Ihre Angebote zu posten, sondern arbeiten Sie erst einmal daran, die neue Seite so gut wie möglich zu etablieren – und bekanntzugeben, was Sie machen und welche Produkte Sie anbieten. Wenn Sie zum Beispiel einen Verkaufsautomaten für Lose verkaufen, der nicht nur die verkauften Lose zählen, sondern gleichzeitig auch noch einen Gewinner bestimmen kann, sollten Sie das in Ihren ersten beiden Posts erklären. Sonst sind die Besucher vielleicht verwirrt über Ihr Angebot und können mit Ihrem Produkt nichts anfangen. Sagen Sie klar und deutlich, was Sie meinen, aber halten Sie sich kurz. Die Leute sollen sich auf Ihre Posts konzentrieren – also machen Sie es ihnen so einfach wie möglich.

Fügen Sie Ihren Posts auch unbedingt Bilder hinzu. Es ist kein Geheimnis, dass Beiträge, die Bilder enthalten, mehr Aufmerksamkeit erregen als Beiträge ohne Bilder. Teilen Sie ein Bild Ihres Produkts und geben Sie den Interessenten genau die Informationen, die Sie dazu geben möchten – und eine höhere Anzahl an Menschen wird sich später daran erinnern. Oder noch besser, erstellen Sie eine kleine Grafik mit ihrem Produkt im Hintergrund und Ihren Informationen als kurze Botschaft im Vordergrund – und Sie werden damit 3x so viel Aufmerksamkeit erregen wie mit einem "normalen" Post. Wenn Sie diese Art an Informationen regelmäßig auf Ihrer Seite teilen, werden Sie damit auch Ihre Besucherzahlen erhöhen. Die Menschen werden Ihre Beiträge dann nämlich mit anderen Menschen teilen. Heute verschlingen die Menschen diese Art von Memos geradezu. Sie können einfach nicht genug davon bekommen – und wenn Sie ein altes "Meme" mit einer neuen Botschaft wiederentdecken, fühlen sie sich gleich besser. Hier sollten Sie auch auf Ihre Tagline achten. Darunter versteht man die kleinen Witze oder Einzeiler, die oft zu diesen "Meme" dazugeschrieben werden.

Eine Botschaft verbreiten: Niemand wird Ihre Posts lesen, wenn sie nicht für das Leben der Menschen eine gewisse Relevanz haben – das möchte nämlich keiner lesen. Daher sollten Sie unbedingt auch aktuelle Ereignisse in Ihren Posts berücksichtigen – auch wenn diese nicht direkt mit Ihrem Produkt in Zusammenhang stehen – finden Sie einen Weg, die beiden zu verbinden. Dadurch werden die Menschen das Gefühl haben, dass zwischen ihnen und Ihrem Produkt oder Ihrer Dienstleistung eine Verbindung besteht, da das Thema auch für Sie eine Rolle spielt. Auch wenn das schlimmstenfalls bedeutet, dass Sie eine Verbindung zwischen Hillary Clinton und einem Kartoffelschäler finden müssen. Die Menschen werden merken, dass Sie eine Verbindung geschaffen haben – und unsere Gehirne sind so angelegt, dass sie immer auf der Suche nach Verbindungen zwischen einem Ereignis oder einem Gegenstand und unserem täglichen Leben sind. Auch wenn diese Verbindung selbst mit gutem Willen kaum einen Sinn ergibt.

Zeigen Sie Witz und zeigen Sie, dass Sie ein Mensch sind. Sie können nicht erwarten, dass die Menschen von Ihrem Produkt begeistert sind, wenn Sie sie nicht durch Ihr Verhalten in gewisser Weise dazu inspirieren. Das wird so einfach nicht funktionieren. Sie müssen eine positive Einstellung vermitteln – und sich nicht wie ein Roboter verhalten. Anders werden Sie es schwer haben, die notendige Zahl an Followern zu erreichen, die Sie brauchen, um mit Ihren Produkten Erfolg zu haben und Ihre Produkte verkaufen zu können.

Nutzen Sie die Kommentarfunktion

Diese Möglichkeit sollten Sie nicht auf die leichte Schulter nehmen. Hinterlassen Sie so viele Kommentare wie möglich auf den Seiten anderer Nutzer. So können Sie die Menschen dazu bewegen, auch Ihre Seite zu besuchen und so das Interesse für Ihre Produkte zu steigern. Allerdings müssen Sie hiermit vorsichtig sein. Setzen Sie nicht in jeden Kommentar den Link zu Ihrem Produkt - diese können als Spam angesehen werden und dazu führen, dass Ihre Seite geschlossen wird. Stattdessen sollten Sie so kommentieren, wie Sie es auch als Person tun würden anstatt als "Firma" - nur vielleicht ein kleines bisschen höflicher und korrekter. Andernfalls werden Sie über kurz oder lang ein Problem bekommen.

Und einige Dinge sollten Sie bei der Formulierung Ihrer Kommentare unbedingt im Hinterkopf behalten. Diese Tipps sind sehr wichtig, lesen Sie also unbedingt weiter. Die hier zusammengefassten Tipps können den Unterschied zwischen einer hohen Besucherrate auf Ihrer Seite und einer Seitenschließung aufgrund von Spam-Meldungen bedeuten.

- Bleiben Sie authentisch. Eine Menge an Facebook-Seiten scheitert daran, dass die Betreiber denken, sie müssen als "Seite" mit ihren Kunden kommunizieren - anstatt als "Person". Und das ist ein großer Irrtum. Sie sollten als die Person agieren, die im Hintergrund der Seite die Fäden zieht. Dadurch können Sie das Interesse Ihrer Kunden effektiver wecken als durch irgendetwas anderes - ganz einfach weil man nicht oft Menschen sieht, die sich auf ihrer Unternehmensseite zugänglich und freundlich zeigen. Dadurch animieren Sie die

Menschen dazu, ihre Seite öfter zu besuchen und sie eventuell sogar mit "Gefällt mir" markieren, weil Ihnen der Stil der Seite genauso zusagt wie die Art der Kommentare.

- Der frühe Vogel fängt den Wurm: Grundsätzlich bekommt der erste Kommentar die meiste Aufmerksamkeit. Der Verfasser ist schneller als alle anderen und ist damit schon einmal um Längen voraus - und bekommen in der Regel für Ihre Kommentare auch die meisten "Gefällt mir"- Angaben. Sie sollten auf jeden Fall immer darauf achten, unter den ersten 10 Kommentaren für einen Beitrag aufzutauchen. Dadurch können Sie die meiste Aufmerksamkeit auf sich ziehen.

- Witz zahlt sich aus: Ein weiterer Zug, mit dem Sie punkten können. Wenn Sie Sinn für Humor beweisen, werden Sie für Ihre Kommentare jede Menge "Gefällt mir"- Angaben einheimsen können - und das wiederum wird Ihnen dabei helfen, sich an der Spitze zu halten, auch wenn nach Ihnen noch viele weitere Kommentare abgegeben werden. Je mehr Menschen auf Ihre Beiträge mit "Gefällt mir" reagieren, desto geringer das Risiko, dass Sie in der Menge untergehen. Die Menschen werden wissen wollen, ob Ihre Seite genauso witzig ist wie Ihre Kommentare. Und wenn das zutrifft, werden Sie Ihrer Seite höchstwahrscheinlich folgen. Und wenn Sie dann Ihre Inhalte mit "Gefällt mir" markieren, werden auch Ihre Freunde das in Ihrer Chronik mitbekommen.

- Suchen Sie sich die beliebtesten Seiten aus: Wenn Sie regelmäßig Kommentare bei bestimmten Personen hinterlassen, erregt das zwar Aufmerksamkeit, aber sie werden nicht tausend Menschen auf einmal ansprechen. Um das zu erreichen, müssen Sie Ihren Kommentar auf einer Seite unterbringen, der auch das entsprechende Besuchervolumen aufweist. "Celebrities" sind eine gute Anlaufstelle für Kommentare, genauso wie Fanseiten. Diese Seiten haben eine breite Community und es wird Ihrem Unternehmen viel nützen, wenn Sie dort gesehen werden.

Das sind ein paar wichtige Tipps, die Sie im Gedächtnis behalten sollten, um langfristig die Aufmerksamkeit Ihrer Kunden zu erhalten, ohne als Spam klassifiziert zu werden. Sie müssen darauf achten, sich bei Ihrem Auftritt in den sozialen Netzwerken so authentisch wie möglich zu präsentieren. Wenn Sie sich wie ein Roboter geben, werden die Besucher annehmen, dass Sie auch einer sind – und Sie wahrscheinlich deswegen melden. Und falls das geschehen sollte, ist es durchaus möglich, dass Sie den Zugriff auf Ihre Seite dauerhaft verlieren. Daher ist es immer das Beste, sich so natürlich wie möglich zu geben.

Werbegeschenke wirken Wunder

Und diese Werbegeschenke müssen auch nicht super ausgefallen sein. Sie müssen nicht hunderte von Euros an die ersten fünf Besucher vergeben, die eine Bewertung oder einen Kommentar auf Ihrer Seite hinterlassen oder Unmengen an Geschenkgutscheinen verteilen. Eine Möglichkeit wäre zum Beispiel, der Person, die Ihre Seite besonders häufig weiterteilt, eines Ihrer günstigeren Produkte zu schenken. Oder geben Sie den ersten 100 Personen, die Ihre Seite mit "Gefällt mir" markieren, 5% Rabatt auf Ihre nächste Bestellung. So etwas in der Art ist bei Seitenbesuchern sehr beliebt. Und diese Werbeaktionen müssen auch nicht zwingend sehr viel kosten. Es kann etwas ganz einfaches sein, das Traffic auf Ihrer Seite generiert und Sie trotzdem nicht zwingend ins Armenhaus bringt.

Wenn Sie zum Beispiel einen Reparaturdienst für Spielkonsolen haben und die Spielkonsolen der Leute für die kommenden Jahre aufmöbeln, müssen Sie den Leuten am Anfang einen kleinen Anreiz geben, sich für Ihre Dienstleistung zu entscheiden. Schließlich sind Sie noch neu auf dem Markt und die Menschen wissen nicht, was Sie von Ihnen erwarten können. Und genau hier setzen Sie am besten mit einem Wettbewerb oder einer Sonderaktion an. Die ersten 100 Besucher, die Ihre Seite mit "Gefällt mir" markieren, erhalten einen Preisabschlag von 5% auf die erste Konsolenreinigung, die Sie bei Ihnen in Auftrag geben. Ist Ihnen aufgefallen, dass wir den Begriff "Reinigung" verwendet haben? Von einer Reparatur wird hier nichts erwähnt. Das kostet Sie also außer einem gewissen Zeitaufwand wahrscheinlich keinen Cent - wobei Sie aber andererseits von Ihren Kunden Geld dafür verlangen können. Und daher kostet Sie auch ein 5%-iger Preisabschlag nichts. Auf der anderen Seite gibt diese Art von Angebotsgestaltung den Kunden einen Grund, Ihre Dienstleistung auszuprobieren – ohne Sie automatisch gleich ins Armenhaus zu befördern...

Sie können auch einen kleinen Wettbewerb unter den Besuchern Ihrer Seite veranstalten um die User dazu zu bringen, auf Ihrer Seite mit anderen zu interagieren. Und dieser Wettbewerb kann so einfach oder so kompliziert sein, wie Sie es selbst gestalten möchten. Wenn Sie ein neues Design für Ihr Logo planen, können Sie um Beispiel die Besucher Ihrer Seite bitten, Ihnen entsprechende Entwürfe zuzuschicken – und sich dann Ihren persönlichen Favoriten heraussuchen. Als Gewinn können Sie dann beispielsweise einen 5 €-Gutschein für Ihr Unternehmen aussetzen. Das Erfolgsrezept heißt an dieser Stelle "Unkompliziert mit attraktiver Belohnung". Je komplizierter Sie das Ganze gestalten, desto kostspieliger werden diese Aktionen erfahrungsgemäß. Selbst wenn Sie das Ziel sehr hoch stecken und die Belohnung dafür entsprechend großzügig gestalten, stellen Sie sich darauf ein, es entsprechend auch ausgeben zu müssen. Unterschätzen Sie nie die Anziehungskraft, die das Wort "kostenlos" auf Menschen ausübt.

Durch diese Werbemaßnahmen werden Sie den Traffic auf Ihrer Seite steigern und mehr Menschen wirklichen Einblick in Ihr Produkt oder Ihre Dienstleistung geben. Seien Sie aber vorsichtig – sonst kann es sein, dass diese Aktionen Sie mehr kosten, als Sie als Gegenleistung erhalten bzw. als Sie damit verdienen können. Halten Sie die Kosten unbedingt so niedrig wie möglich.

Soviel zur Vermarktung Ihrer Produkte über Facebook. Befolgen Sie diese Einzelschritte auf Ihrem Erfolgszug durch das soziale Netz. Aber wir sind noch lange nicht fertig. Als nächstes nehmen wir uns SnapChat vor.

KAPITEL 5

SnapChat

Dieses soziale Netzwerk kennt jeder. Okay, vielleicht nicht jeder, aber doch die überwältigende Mehrheit der heutigen Bevölkerung. Viele Menschen benutzen es heute regelmäßig, um mit Leuten zu chatten oder ihnen Fotos zuzuschicken.

Was verstehen wir also unter SnapChat? Freut mich, dass Sie fragen. Heute werden Sie nämlich alles über diese nette kleine App lernen, was Sie wissen müssen, um es erfolgreich zur Vermarktung einsetzen zu können.

Über SnapChat kann man Fotos teilen, die nach einer gewissen Zeit einfach wieder verschwinden. Das bedeutet, dass sich ein Foto sozusagen "auflöst", sobald seine Zeit auf SnapChat abgelaufen ist. Genau deswegen ist diese App auch so beliebt. Man kann Infos miteinander teilen, die auf keinem der beteiligten Telefone gespeichert sein müssen. Beide Parteien erhalten automatisch eine Benachrichtigung, sobald jemand einen Screenshot anfertigt. Diese beiden Funktionen allein sind dafür verantwortlich, dass SnapChat so sehr in den Mittelpunkt des öffentlichen Interesses gerückt ist.

Aber neben diesen beiden Aspekten hat sich SnapChat auch zu einer sehr effektiven Marketing-Plattform entwickelt. Nicht zuletzt wegen der zeitlichen Begrenzung der Sichtbarkeit der Fotos. Diese Zeitschranken sind für begrenzt gültige Promotions eine tolle Angelegenheit – weil der Snap automatisch verschwindet, sobald die Zeit abgelaufen ist. Wenn Sie hier etwas posten, ist es für 24 Stunden sichtbar – und damit haben Ihre Followers auch genau 24 Stunden Zeit, um das Angebot zu nutzen. Wenn Sie einen Snap nur mit Ihren Freunden teilen, verschwindet er nach 10 Sekunden, mit der Möglichkeit einer Wiederholung. Dieser Snap ist also für maximal 20 Sekunden sichtbar. Für Promotions oder dergleichen ist diese Option weniger geeignet – eher dafür, die Leute mit Sneak Peaks neugierig zu machen auf etwas, das Sie noch nicht an die ganz große Glocke hängen möchten.

Aber Snapchat ist wirklich ein großartiges Marketing-Tool – und es gibt ein paar Tipps, die Sie kennen sollten, wenn Sie es verwenden möchten. Es ist ziemlich einfach anzuwenden, also gibt es auch nur ganz wenige Dinge zu beachten (anders als bei Facebook oder Instagram). Das liegt aber auch daran, dass die App wesentlich weniger Features bietet und eigentlich nur dem Zweck dient, schnell Bilder miteinander teilen zu können.

KAPITEL 6

SnapChat als Marketing-Instrument

SnapChat ist ein sehr einfaches kleines Tool, das man für sein Marketing nutzen kann. Es gibt nicht allzu viele Features und es ist sehr einfach in der Anwendung. Aber ein paar kurze Tipps gibt es dennoch, die man im Kopf behalten sollte – weil es nämlich für den ersten Eindruck auch immer nur eine Chance gibt.

Das öffentliche Profil

Wenn Sie Ihr SnapChat-Profil anlegen, werden Sie automatisch erst einmal zu einem privaten Profil weitergeleitet. Das bedeutet, dass nur die Menschen, die mit Ihnen befreundet sind, Ihre Posts sehen können. Damit werden Sie jedoch nicht im "Discovery Tab" aufgeführt. Sie haben jedoch die Möglichkeit, dies in Ihren Einstellungen abzuändern. Dazu müssen Sie einfach so weit nach unten scrollen, bis Sie den Punkt "Profile Security" erreicht haben – und den Regler entsprechend von privat auf öffentlich umstellen. Dadurch tauchen Sie im Discovery Tab auf und jeder SnapChat-Nutzer kann Ihre Beiträge sehen. Danach bekommen Sie sehr wahrscheinlich auch regelmäßig Freundschaftsanfragen.

Vorsicht bei Nacktaufnahmen

Ein Teil der Beliebtheit von SnapChat kommt daher, dass man Nacktaufnahmen posten kann und diese innerhalb von kurzer Zeit wieder verschwinden. Das bedeutet aber auch, dass Sie, wenn Sie Freundschaftsanfragen bekommen, diese erst einmal etwas aussortieren müssen. Dort halten sich nämlich auch viele Menschen auf, die einfach nur Nacktaufnahmen von sich selbst unter die Leute bringen möchten. Der Vorteil ist, dass Sie diese Nutzer sehr schnell blockieren bzw. sie melden können. Klicken Sie auf den Namen und Sie gelangen zu den Einstellungen. Unter diesen Einstellungen können Sie bis zum Menüpunkt "Blockieren" herunterscrollen. Dort haben Sie auch die Möglichkeit, diese Nutzer wegen unpassenden Inhalten zu melden.

Benutzen Sie die interaktiven Filter

Mit diesen lustigen kleinen Filtern können Sie Ihr Gesicht, Ihre Stimme und den Hintergrund ändern, der Sie umgibt. Dadurch bekommen Sie im "Discovery Tab" mehr Aufmerksamkeit. Und das Beste ist, dass es einen Riesenspaß macht, mit diesen Filtern zu spielen – und damit hat man im Umkehrschluss dann quasi auch "Spaß beim Arbeiten". Das sind die wichtigsten Aspekte, die Sie für eine erfolgreiche Verwendung von SnapChat wissen sollten. Ansonsten müssen Sie weiter nichts beachten – einfach nur Spaß an der Sache haben.

KAPITEL 7

InstaGram

Was verstehen wir unter InstaGram

Mit dieser App können die Nutzer Fotos mit kurzen witzigen Texten miteinander teilen. Es ist auf dem Markt noch ziemlich neu und wurde erst vor drei Jahren, im Jahr 2013, von der Öffentlichkeit richtig wahrgenommen - ungefähr zur gleichen Zeit, als die Leute begannen, sich für SnapChat zu interessieren. Langsam entwickelt sich die App zu einem Konkurrenten für Facebook - das liegt vor allem an der Möglichkeit, die Bilder nicht nur zu teilen, sondern auch direkt zu bearbeiten. Jeder liebt es, nicht nur Selfies posten zu können, sondern gleichzeitig auch sein Talent als Fotograf unter Beweis zu stellen - und genau dafür ist diese App hervorragend geeignet.

Bei InstaGram gibt es viele verschiedene Filtermöglichkeiten - und das schätzen die Nutzer sehr, weil sie sich dann wie professionelle Fotografen fühlen und Ihre Fotos entsprechend bearbeiten können. Es können unter anderem auch Anpassungen im Farbkontrast und weitere Verbesserungen an den Bildern vorgenommen werden.

Die Bilder können mit dieser App leichter aufgerufen und bearbeitet werden als bei jeder anderen Plattform. Alle Bilder werden in einer Übersicht angezeigt und man kann sich sofort eines aussuchen. Alles, was man tun muss, ist das Beste herauszusuchen und es mit seinen Freunden zu teilen. Bei dieser App findet man seine Bilder in Sekunden, statt, wie z.B. bei Facebook, erst einmal die verschiedensten Tasten drücken zu müssen.

Warum Sie InstaGram verwenden sollten

Momentan wird Instagram sehr heiß gehandelt. Tag und Nacht sind dort Nutzer unterwegs. Wenn Sie nicht absichtlich Ihr Profil auf "Privat" umstellen, stehen Sie immer in der Öffentlichkeit und jeder kann Ihre Posts und Ihre Kommentare sehen. Das bedeutet aber auch, dass die Menschen Sie sehr leicht finden und sich all Ihre Beiträge ansehen können. Und genau diese Publicity brauchen Sie auch, um aufzufallen und Ihre Verkaufszahlen über diese Plattform zu steigern.

Instagram ist eine einfache Möglichkeit, um Aufmerksamkeit auf Ihre Produkte zu lenken, wenn Sie auf Ihrem Profil die richtige Farbkombination verwenden. Wenn sich die Menschen auf den unterschiedlichen Profilen umschauen, wird Ihres hervorstechen und die Besucher neugierig auf Ihre Produkte werden lassen. Und einige werden wahrscheinlich sogar bei Ihnen einkaufen gehen.

Solange Sie diese Trends aktiv nutzen, sollten Sie beständig neue Follower gewinnen können. Es gibt immer Menschen, die willkürlich Unternehmern und Geschäften folgen und dabei hoffen, selbst etwas Aufmerksamkeit auf sich ziehen zu können.

Bei Instagram gibt es zwar keine langen und schicken Listen an Features (einmal von den verschiedenen Filtern abgesehen), aber die meisten Nutzer verzeichnen mit ihren Profilen große Erfolge. Und es gibt einige verschiedene Wege, wie Sie die App für Ihr erfolgreiches Marketing verwenden können. Diese Tipps werden Ihnen dabei helfen, sich auch an der Insta-Front behaupten zu können.

KAPITEL 8

Marketing mit InstaGram

Instagram wird sehr oft von Menschen verwendet, die mit einem Geschäft neu anfangen oder ein neues Produkt vermarkten wollen. Einer der Gründe dafür ist, dass es ganz einfach ist, Aufmerksamkeit für seine Produkte zu erreichen und sie einem weltweiten Publikum zugänglich zu machen. Das hängt unter anderem auch damit zusammen, dass es relativ wenige Regelungen die Privatsphäre betreffend gibt. Auch müssen die Leute Ihnen nicht unbedingt folgen, um Ihre Produkte zu sehen. Um aber wirklich Erfolg mit der App zu haben, müssen Sie die Möglichkeit haben, Ihre Produkte wirklich vielen Menschen vorzuführen. Und dazu brauchen Sie eine Menge Follower. Die hier zusammengestellten Tipps helfen Ihnen dabei, Ihre Anhängerschaft zu vergrößern und Ihre Marke erfolgreich auf Instagram zu promoten – und zwar ohne große Mühe.

Die Trends ausnutzen

Der letzte Schrei heutzutage sind Hashtags. Durch diese lässt sich eine Verlinkung zu anderen Menschen erreichen, die ähnliche Inhalte teilen. Weiterhin lässt sich ganz einfach nach diesen Hashtags suchen – und viele Menschen nutzen diese Funktion oft nur dazu, herauszufinden, was andere über ihre Lieblingsthemen posten. Dadurch wird das Nutzen von Hashtags quasi schon zu einer Notwendigkeit – vor allem die Nutzung von Hashtags die gerade gefragt sind und im Trend liegen. Selbst wenn Sie wirklich nur diejenigen verwenden, die gerade besonders im Trend sind, ist das immer noch besser, als gar nichts zu unternehmen – es geht nur darum, wahrgenommen zu werden. Und da sind viele Mittel erlaubt.

Es gibt einige Tags die Sie unbedingt standardmäßig verwenden sollten. Sie sind sehr beliebt, unabhängig davon, was in der Welt vorgeht. Wenn Sie diese Hashtags benutzen, werden Sie viel mehr Menschen auffallen, als wenn Sie ohne Hashtags posten.

- **#Love:** Dieses Hashtag mag ja vielleicht ein bisschen albern wirken, aber mehr als eine Million Menschen weltweit verwenden es jeden Tag und es zieht eine Menge Aufmerksamkeit auf sich, wenn es verwendet wird. Die Menschen, die dieses Hashtag in Ihren Posts verwenden, haben es normalerweise satt, immer nur negative Inhalte sehen zu müssen und möchten ein bisschen positive Lebenseinstellung verbreiten, indem sie ihren Mitmenschen zeigen, was Ihnen besonders am Herzen liegt. Wenn Sie dieses Hashtag verwenden, wird Ihr Post automatisch für Millionen von Menschen sichtbar – und das ist genau das, was Sie wollen. Dadurch gewinnen Sie mehr Follower… und mehr Follower bedeuten mehr Umsatz für Ihr Unternehmen.

  Der beste Weg, dieses Hashtag zu verwenden, ist ein süßes Tierfoto. Die Leute drehen bei Hunden, Katzen und anderen süßen Tierchen beinahe durch. Und noch besser sind die jungen Tierchen. Teilen Sie ein Foto von Ihrem Haustier (wenn Sie eines haben sollten) – und schreiben Sie dazu einen kurzen Post, der Ihre Firma oder Ihr Produkt mit erwähnt – zum Beispiel dadurch, dass Sie zum Ausdruck bringen, wie sehr Ihr Haustier Sie bei Ihrer Arbeit unterstützt. Ein Beispiel wäre zum Beispiel der Name Ihres Haustieres #Loves + der Name Ihrer Firma oder Ihres Produktes. Von solchen Posts können die Menschen gar nicht genug kriegen.

- **#Ich:** Einer der wohl beliebtesten Hashtags, weil er es den Menschen erlaubt, gewisse Seiten von sich selbst preiszugeben, die vielleicht noch nicht jeder kennt. Sie lieben es, sich authentisch zu präsentieren. Millionen von Menschen verwenden dieses Hashtag jede Woche. Und das beweist, wie einfach es im Grunde ist, sich offen und ehrlich zu zeigen – auch vom Bildschirm aus. Und das muss auch nicht immer ein herzerweichendes Geständnis sein. Manche teilen ein "Meme" mit der Überschrift "Sowas von #Ich". Und das ist auch in Ordnung so. Wenn Sie allerdings dieses Hashtag nutzen wollen, um Ihre Marke zu repräsentieren, sollten Sie vielleicht eher ein Bild von sich selber teilen, auf dem Sie etwas richtig Verrücktes anstellen. Oder eines, das Sie bei Ihrer Lieblingsbeschäftigung zeigt – und dazu einen kurzen Text darüber, dass Sie gerade eine kurze Pause einlegen und die Arbeit gerade mal zur Seite gelegt haben. Sie müssen dabei nicht ständig auf Ihrer Marke „herumreiten", erwähnen Sie Ihre Firma einfach in Zusammenhang damit, dass Sie auch gerne mal eine Pause einlegen.

- **#TBT:** Eines der beliebtesten Hashtags, die es überhaupt auf dem Markt gibt. Und das gilt auch für die anderen Social Media Netzwerke wie Facebook und Twitter. Jeder liebt die #TBT-posts (Throwback Thursday). Normalerweise kommen in diesen Posts Bilder von der Person als Kind oder mit einer Gruppe von alten Freunden vor. Normalerweise werden dazu kurze Texte geschrieben wie „Das waren noch Zeiten #TBT".

Wenn Sie diese Kurzbotschaft in Zusammenhang mit Ihrer Firma nutzen möchten, posten Sie vielleicht ein Bild von sich selbst und schreiben dazu so etwas wie: "Mein Leben vor meinem eigenen Unternehmen."

#Süß / #Cute: Dieses Hashtag ist zwar eigentlich selbsterklärend, aber dahinter steckt doch mehr als man denkt. Mehrere Millionen Menschen benutzen dieses Hashtag täglich auf ihren Profilen. Und das hat einen bestimmten Grund: Egal, wie sehr Sie Ihrer "dunklen" Seite gefrönt haben, als Sie noch in der Schule oder auf der Universität waren – Bildern von süßen kleinen Babies oder Welpen die mit jungen Kätzchen spielen, bringen jedes Herz zum Erweichen. Bei solchen süßen Motiven bleibt jedem der Mund kurz offen stehen. Wenn Sie dieses Hashtag verwenden, tun Sie das vielleicht, ohne eine direkte Verbindung mit Ihrer Marke herzustellen. Teilen Sie einfach ein Foto, das Sie niedlich finden und bringen Sie das Hashtag in der entsprechenden Beschreibung unter. Damit schaffen Sie auch eine nette Unterbrechung auf Ihrer Seite und bringen frischen Wind hinein.

Ich weiß Sie wundern sich jetzt vielleicht darüber, warum Sie etwas posten sollten, das nicht direkt mit Ihrer Marke zu tun hat – aber vertrauen Sie mir an dieser Stelle einfach ein bisschen. Sie werden dadurch mehr Follower für Ihr Konzept bekommen. Ihre neuen Follower werden weiterhin wissen, dass es sich bei Ihrer Seite um ein Geschäft handelt – aber sie trotzdem regelmäßig aufrufen, da Sie neugierig sind, was Sie als nächstes posten werden. Und wenn Sie daraus eine treue Gefolgschaft aufbauen können, ist es für alle Beteiligten eine Win-Win-Situation.

- **#L4l: Dieses Hashtag steht für "Like for a Like" – zu Deutsch "Gefällt mir" für "Gefällt mir". Hierbei gehen Sie die Bilder anderer Nutzer durch und diese müssen dann für jeden Post, den Sie mit "Gefällt mir" markiert haben, ebenfalls einen Post von Ihnen mit "Gefällt mir" markieren.** Dieses Hashtag gehört zu den meistgesuchtesten überhaupt – weil Menschen gerne Aufmerksamkeit bekommen und sich über "Gefällt mir"-Angaben für Ihre Posts freuen. Es ist auch ein sehr hilfreiches Hashtag weil, wenn jemand einen Beitrag mit "Gefällt mir" markiert, sehen es auch die Freunde und Follower der Person. Dadurch bekommt man bei diesem Hashtag Publicity, ohne sich durch das Teilen von Posts unbedingt festlegen zu müssen. Viele Leute benutzen „#L4L" um nicht nur Ihre eigene Popularität zu steigern, sondern auch die Ihrer Followers – nämlich mit der Discovery-Funktion, bei der jeder sehen kann, was von wem mit „Gefällt mir" markiert wurde. Und damit gibt es bei dieser Art von Tauschgeschäft nur Gewinner.

- **#S4s: Und hier haben wir jetzt, Sie werden es sich schon gedacht haben, "Share for Share" oder zu Deutsch "Teilen gegen Teilen".** Bei diesem beliebten Hashtag teilen die Beteiligten jeweils die Beiträge der "Gegenpartei". Umgangssprachlich wird das auch als „Shout Out" bezeichnet. Dadurch können beide zusätzliche Viewer erhalten, weil alle Follower die Posts zu sehen bekommen. Und auch der Traffic lässt sich auf diese Weise erhöhen, da die Follower jeweils eine entsprechende Mitteilung bekommen und sich die Seite der jeweiligen "Gegenpartei" ansehen können. Und wenn Sie Ihre Seite gut aufgebaut haben, können Sie auf diese Weise problemlos neue Follower gewinnen. Und auch hier können eigentlich beide nur gewinnen. Jeder wird nämlich gerne im Post eines anderen erwähnt und freut sich über neue Follower.

Wenn Sie ausreichend S4S-Beiträge schreiben, fallen Sie wahrscheinlich auch über kurz oder lang einem Sponsor ins Auge. Und hierbei gibt es verschiedene Möglichkeiten, wie dieser Sie unterstützen kann. Eine finanzielle Zuwendung ist genauso denkbar wie das Teilen auf der Seite des Sponsors, die wahrscheinlich eine Reichweite von ein paar Millionen Nutzern haben dürfte – von denen sie dann auch einige abgreifen können.

- **#FF:** Steht für #FollowFriday, zu Deutsch "Folgen am Freitag" – und ist freitags ein sehr beliebtes Hashtag (wer hätte das gedacht?). Bei diesem Hashtag wird davon ausgegangen, dass der Poster den Nutzern folgt, die genau die geforderten Kriterien erfüllen. Normalerweise muss man dazu nur ebenfalls der betreffenden Person oder Seite folgen, manchmal eine bestimmte Anzahl von Posts oder Bilder mit "Gefällt mir" markieren oder mit seinem Namen einen Kommentar hinterlassen und anschließend der Person oder Seite folgen. Die Kriterien bestimmt alleine der Poster. Manche Menschen wollen sich aber auch hier nicht wirklich anstrengen, sondern lieber neue Follower bekommen, ohne wirklich etwas dafür tun zu müssen.

- **#F4F:** Und hier wird folgen gegen folgen "getauscht". Dieses beliebte Hashtag ist genau das Richtige für all diejenigen, die für neue Follower nichts weiter tun möchten, als dem anderen Profil ebenfalls zu folgen. Millionen von Menschen nutzen es regelmäßig und sie bekommen damit mehr Follower, als mit jedem anderen Hashtag. Alles, was Sie hier nämlich machen müssen, ist, der anderen Seite zu folgen – und schon haben sie selbst auch schon einen Follower gewonnen.

Allerdings müssen Sie hier auch ein bisschen vorsichtig sein. Manche folgen Ihnen nämlich nur so lange, bis Sie ihnen auch gefolgt sind – und dann verabschieden Sie sich wieder. Behalten Sie daher Ihre Followers immer im Auge, besonders nach einem F4F-Post und achten Sie darauf, dass sie nicht nach ein paar Tagen wieder verschwinden. Wenn das doch passieren sollte, streichen Sie die Seite am besten auch gleich wieder.

Das sind nur einige Hashtags, die Sie benutzen können und die auch relativ populär sind. Und wenn Sie sich nicht ganz sicher sind, können Sie den einen oder anderen Trend auch gut einmal aussitzen. Wenn Sie also nicht genau wissen, welches Hashtag Sie verwenden sollen, schauen Sie sich erst einmal in an, was zur Zeit im Trend liegt. Hashtags sind sehr nützlich – aber nur, wenn Sie auch entsprechend richtig verwendet werden. Hier noch einige Tipps, die Ihnen dabei helfen werden, diesen neuen Hyperlink-Trend bestmöglich für Ihre Seite zu nutzen. Manchmal braucht es nämlich wirklich nicht mehr als nur ein einzelnes Wort.

Und hier gilt eines ganz besonders: Weniger ist mehr. Sie können zwei oder drei ähnlich Hashtags kombinieren, um die Aufmerksamkeit der Menschen zu erregen. Hashtags wie #Love und #Cute funktionieren zusammen sehr gut. Ihr Ziel ist es, dass die Leute Notiz von Ihnen nehmen – und je mehr Hashtags Sie verwenden, desto besser vermeiden Sie schwarze Löcher in der Suchfunktion. Sie werden in mehreren Ergebnislisten angezeigt – und mehr Leute werden sich für Sie interessieren.

Denken Sie allerdings auch immer an das Sprichwort „Zuviel des Guten". Wenn Sie Hashtags verwenden, passen Sie auf, dass Sie nicht zu viele davon nacheinander „aufreihen" – ab einem gewissen Zeitpunkt wird es nämlich unübersichtlich und die Menschen wissen nicht mehr so genau, was Sie eigentlich sagen wollen. Dieses Problem haben sehr viele Menschen, die sich mit Hashtags noch nicht so genau auskennen. Sie möchten einfach in einer Vielzahl von Suchresultaten angezeigt werden – und benutzen daher wahllos verschiedene Hashtags. Manchmal in Kombinationen, die überhaupt nichts miteinander zu tun haben, oder nach denen niemand suchen würde. Hier ein Beispiel von jemandem, der ein Foto von sich selbst im Freien gepostet hat:

"Oh Mann oh Mann! Heute ist so ein #schöner Tag, um ihn im Freien zu verbringen! #Schön #Draußen #Ich # Kleid #Stiefel #süß #Liebe #ichliebedasWetter #ichliebediesesOutfit #ichbinsosüß #langehashtagsmachenspaß #meinehashtagssindunschlagbar #supertag

Sobald Sie diesen Post fertiggelesen haben, werden Sie nicht mehr wissen, ob es dabei jetzt um einen schönen Tag geht, um das Outfit der entsprechenden Person, lange Hashtags oder sonst etwas. Verwenden Sie nach Möglichkeit nie mehr als drei Hashtags auf einmal. Es ist nämlich ein schmaler Grad zwischen der cleveren Nutzung dieses Tools und einer gewissen Übertreibung. Und auf diesem schmalen Grad müssen Sie sich zurechtfinden – in etwa so als ob Sie auf einem Seil balancieren würden, ohne dass sich unter Ihnen ein

Sicherheitsnetz befindet. Das ist deswegen so wichtig, weil niemand Ihren Posts Aufmerksamkeit schenken wird, wenn Sie nicht genug Hashtags verwenden. Verwenden Sie aber zu viele, werden Sie die Leute nur verwirren. Wenn die verwendeten Hashtags zu viel mit dem Thema Ihres Posts zu tun haben, werden Sie damit keine zusätzliche Aufmerksamkeit erregen können – und wenn kein Zusammenhang zwischen dem Post und den Hashtags besteht, werden sich die Leute fragen, was Sie eigentlich damit sagen wollen. Befolgen Sie daher unbedingt unsere Tipps, um sich in diesem "Urwald" besser zurechtzufinden.

Bleiben Sie auch hier immer authentisch. Benutzen Sie Hashtags nicht wie ein Roboter. Geben Sie den Leuten, was Sie haben möchten, aber halten Sie auch ein bisschen etwas von sich selber zurück. Die Besucher lieben eine menschliche Note – auch bei Social Media. Teilen Sie ein paar Witze, vielleicht ein oder zwei süße Selfies, die nichts mit Ihrer Marke zu tun haben. Dadurch fällt es den Besuchern Ihrer Seite leichter, eine Verbindung mit Ihnen herzustellen.

Und diese Verbindung bringt auch Ihnen große Vorteile. So bekommen Sie nämlich am schnellsten neue Follower. Geben Sie den Menschen das Gefühl, dass Sie Ihnen wichtig sind und Sie immer erreichen können.

Wenn Sie Hashtags verwenden, benutzen Sie solche, die leicht gefunden werden können und einen stabilen Traffic generieren. Wenn Sie permanent eigene Begriffe erfinden, wir niemand danach suchen. Sie müssen etwas finden, was gerade im Trend liegt – und das bestmöglich zu Ihrem Vorteil ausnutzen. Es ist in Ordnung, einen oder zwei Hashtags zu erfinden, die zu Ihrer Marke passen und einfach gesucht werden können – aber darüber hinaus sollten Sie bereits vorhandene Begriffe nutzen und auf der Trendwelle mitschwimmen.

Und jetzt, wo Sie gelernt haben, ein #desaster zu vermeiden, werden Sie in der Lage sein, Ihre Posts mit Selbstvertrauen zu schreiben und so zu bearbeiten, dass sie auch leicht gefunden werden können. Behalten Sie vor allem im Hinterkopf, dass die Sichtbarkeit hier das Allerwichtigste ist. Sie müssen auch nicht für jeden Post Hashtags verwenden, fügen Sie einfach ab und an einige ein.

Ihr Profil interaktiv gestalten

Das ist ein ganz wichtiger Tipp, den Sie unbedingt im Hinterkopf behalten sollten. Sie müssen Ihr Profil unbedingt so interaktiv wie möglich gestalten und es sollte auch möglichst einfach zu finden sein. Und das bedeutet auch, dass Sie Ihre Seite so aufziehen müssen, dass sie eher Ihre Marke als Sie selbst repräsentiert. Weiterhin müssen Sie darauf achten, dass die Art, wie Sie Ihre Seite gestalten, die Besucher dazu einlädt, Feedback und Kommentare abzugeben. So zieht Ihre Seite immer wieder Besucher an. Und je höher die Anzahl der Besucher auf Ihrer Seite, desto mehr Follower werden Sie dadurch generieren und, wahrscheinlich ahnen Sie es zu diesem Zeitpunkt bereits, die Zahl der Follower zu erhöhen, ist eines der großen Ziele bei Instagram. Je mehr Sie haben, desto höher die Anzahl der Leute, die Ihre Marke wahrnehmen und weiterteilen. Und je mehr Leute Ihre Posts weiterteilen, desto besser Ihre Chancen, dadurch Kunden gewinnen zu können. Hier fügt sich ein Element ins andere. Und Sie können auch nicht einfach eines überspringen und von den anderen erwarten, dass sie trotzdem perfekt zusammenpassen. Hier greift das oben erwähnte interaktive Element. Dieses wird dafür sorgen, dass Ihre Seite eine Menge Traffic generiert, wobei viele dieser Besucher immer wiederkommen werden und nicht nur einfach schnell voreischauen. Und genau das brauchen Sie – Menschen, die von Ihnen und Ihrem Produkt Notiz nehmen und gewissermaßen eine kleine Reise mit Ihnen antreten.

Also müssen Sie sich als Erstes darüber Gedanken machen, wie Sie Ihr Profil so interessant und interaktiv wie möglich gestalten können – und dazu muss es von Anfang an richtig aufgebaut sein. Das Format ist sehr wichtig. Wenn hier irgendetwas nicht passt, wirkt das sehr schnell sehr unprofessionell – und dann werden die Menschen vielleicht nichts von Ihnen kaufen wollen, weil sie Angst haben, dass Ihre Produkte auch eine schlechte Qualität haben könnten. Das bedeutet aber nicht, dass Sie rund um die Uhr "geschäftsmäßig" unterwegs sein müssen, aber das generelle Layout Ihres Profils sollte auf jeden Fall so professionell wie möglich gehalten werden.

Als erstes müssen Sie sich einen passenden Nutzernamen überlegen. Dieser sollte einprägsam und nicht zu kompliziert zum Eintippen sein. Weiterhin sollte er professionell klingen und zutreffend sein. Wenn der Name Ihres Unternehmens zum Beispiel "Joe's Console Repairs" lautet, dann sollte auch Ihr Username etwas Einfaches sein wie zum Beispiel @Joes_Console_Repairs. Dadurch bleibt Ihr Name im Gedächtnis und wird auch leicht gefunden. Wir sind nicht mehr in den 90ern bzw. im frühen Millenium – Ihr Username muss nicht mehr so aussehen: @xXj03S_c0nS0L3_r3Pa1rXx. Das ist wirklich unprofessionell und erweckt den Anschein, als hätten Sie Ihrer 11-jährigen Nichte erlaubt, den Namen für Sie auszusuchen. Ein solcher Name ist auch nicht einfach zu finden – weil sich niemand, der noch ganz bei Verstand ist, einen solchen Namen merken wird. Benutzernamen sind wie der erste Eindruck – Sie bekommen vielleicht eine zweite Chance, einen besseren zu hinterlassen, aber es wird nie so gut funktionieren wie beim ersten Mal. Menschenmengen werden Sie dadurch nicht begeistern können. Um wirklich erfolgreich zu sein, müssen Sie gleich von Anfang an eine starke Wirkung erzielen. Sobald Ihnen das gelungen ist, kann es nur noch aufwärts gehen. Wenn Sie aber einen schwachen Start hinlegen, wird sich das wahrscheinlich auch so schnell nicht verbessern lassen.

Nachdem Sie sich für einen Nutzernamen entschieden haben, brauchen Sie als Nächstes ein gutes Profilbild. Das sehen Ihre Besucher bei all Ihren Kommentaren und es ist auch eines der ersten Dinge, das bei einem Besuch Ihres Profils ins Auge fällt. Ihr Profilbild sollte farbenfroh sein aber gleichzeitig auch professionell und aussagekräftig. Mehr als alles andere aber sollte es Ihre Marke und Ihre Produkte repräsentieren – nicht Sie als Person. Wenn Sie ein Profil möchten, das mit Ihrem Gesicht wirbt, legen Sie dafür ein zweites an. Auf Ihrem geschäftlichen Profil sollte es nur um Ihr Geschäft gehen. Als Profilbild für Ihre Geschäftsseite sollten Sie entweder Ihr Logo oder ein Foto Ihres Produktes verwenden – oder eine Collage aus beiden. Es sollte farbenprächtig genug sein, um Aufmerksamkeit zu erzeugen, aber gleichzeitig nicht kindisch oder zu verspielt wirken (es sei denn, Sie verkaufen Kinderspielzeug – dann ist das selbstverständlich etwas Anderes).

Anschließend müssen Sie Ihre Biographie schreiben. Diese ist für Ihr Profil besonders wichtig, denn hier können Sie den Menschen erzählen, was Sie Ihnen bieten können und Ihnen gleichzeitig einen Link zu Ihrer Webseite zur Verfügung stellen. Die Sache hat aber einen kleinen Haken: Sie haben an dieser Stelle lediglich 150 Zeichen zur Verfügung. Und eine ganze Menge an Info, die Sie in dieser Zeichenzahl unterbringen müssen. 150 Zeichen sind nämlich ungefähr genauso viel wie bei einem normalen Tweet. Halten Sie sich also an dieser Stelle so kurz wie möglich. Das einzige, auf das Sie achten sollten, ist, dass Ihre Biographie nicht langweilig wird, sondern interessant genug geschrieben ist, um die Aufmerksamkeit der Besucher auf sich zu ziehen. Bauen Sie ein bisschen Humor ein. Nehmen wir die Konsolenreparatur einfach mal als Beispiel:

www.consolesbyjoe.com Besser als ein Friedhof, hübscher als ein Pflegeheim – wir lieben alte Konsolen. Bringen Sie sie bei uns zur Reinigung und zur Reparatur vorbei!

Dieser schwungvolle Zweizeiler bringt die Menschen zum Schmunzeln und sagt gleichzeitig kurz und knapp aus, worum es in Ihrem Geschäft geht – und das alles in nur 20 einfachen Worten, einer URL und 133 Zeichen. Und genau so soll es sein. Sie möchten die Menschen darüber informieren, worum es in Ihrem Geschäft geht – aber gleichzeitig zeigen Sie sich menschlich. Und genau diese Kombination wird mehr Menschen anziehen, als alles andere. Es hat eine größere Wirkung als eine professionelle Werbeanzeige oder eine Leuchtreklame. Die Menschen werden das Gefühl bekommen, dass zwischen ihnen und Ihrem Geschäft eine Verbindung besteht. Und das wird sie dazu verleiten, mehr von Ihnen zu kaufen.

Wenn Sie alles entsprechend vorbereitet haben, können Sie Instagram entsprechend nutzen und mit Ihren verschiedenen Posts beginnen. Ihre ersten Posts sollten etwas mehr Informationen über Sie und Ihre Produkte enthalten. Hier sollten Sie sich selbst vorstellen und den Interessenten die Gründe nennen, warum Sie gerade bei Ihnen kaufen sollten. Stellen Sie ganz klar dar, wer Sie sind und was Sie machen. So schaffen Sie die Basis für eine erfolgreiche Arbeit mit Ihren Kunden. Weiterhin ist es wichtig, dass Sie Ihre Öffnungszeiten bekannt geben, genauso wie die Adresse Ihres Geschäftes und die verschiedenen Bestellmöglichkeiten, die Sie in Ihrem Geschäft anbieten. Dadurch wird es für Ihre Kunden sehr viel einfacher werden, Ihre Einkäufe bei Ihnen zu tätigen, da Sie alle dafür notwendigen Informationen vorliegen haben. So können sie sich absichern, auch wirklich mit dem am für sie besten passenden Unternehmen zusammenzuarbeiten.

Jetzt wo Sie Ihr Profil entsprechend aufgebaut haben und alle wichtigen Informationen dort verfügbar sind, ist es an der Zeit, sich über das Layout Ihres Profils Gedanken zu machen. Verwendete Farben, einzelne Beiträge und der beste Zeitpunkt, diese Beiträge online zu stellen – diese drei Dinge sind besonders wichtig und werden dabei helfen, für Ihre Marke einen deutlichen Wiedererkennungseffekt zu schaffen. So erregen Sie im Newsfeed der Plattform die notwendige Aufmerksamkeit. Die Menschen werden Ihre Post sehen und sie sofort als Ihre identifizieren können – selbst dann, wenn Sie nur ziellos durch die Gegend scrollen. Und genau das wollen Sie erreichen – Sie wollen aus den Posts anderer Nutzer so herausstechen, dass sie diejenigen, die zur gleichen Zeit posten, wie Sie selbst, gewissermaßen übertrumpfen können. Und genau hier muss das Thema zu Ihrem Unternehmen passen.

Als erstes müssen Sie sich die Inhalte Ihrer Posts erst einmal heraussuchen. Natürlich müssen Sie darauf achten, dass sie möglichst viel mit Ihrer Firma zu tun haben. Aber welchen Aspekt möchten Sie besonders hervorheben? Werden Sie die meiste Zeit nur über neue Entwicklungen informieren? Oder möchten Sie Sonderangebote und Specials besonders hervorheben? Neue Videos, die die Nutzung Ihrer Produkte demonstrieren? Alles das müssen Sie im Hinterkopf behalten, denn die Menschen wissen Kontinuität sehr zu schätzen, freuen sich aber zwischendurch auch über Abwechslung. Ab und an etwas Spontanes zu posten, lockert Ihr Profil auf – aber die Mehrzahl der Posts auf Ihrer Seite sollte Kontinuität und einen gewissen "roten Faden" aufweisen.

Entscheiden Sie sich auch von Anfang an für ein bestimmtes Farbschema oder wenigstens für einen Standardfilter, den Sie durchgängig auf Ihrem Profil verwenden. Dadurch stechen Ihre Fotos unter den Anderen heraus. Und es gibt einen ganz einfachen Weg, wie Sie das beste Farbschema für Ihre Firma bestimmen können. Wenn Sie ein Produkt haben, in dem vornehmlich drei Farben vorkommen, integrieren Sie am besten diese drei Farben grundsätzlich auch in Ihren Posts. Zum Beispiel im Hintergrund, im Vordergrund und in der Mitte. Wenn Sie ein Produkt verkaufen, in dem nur eine Farbe vorkommt, dann verwenden Sie genau diese Farbe so oft wie möglich. Um Ihren Posts einen so großen Wiedererkennungseffekt wie möglich zu geben, sollten Sie auch einen entsprechenden Filter wählen. Der Mayfair-Filter scheint der bekannteste zu sein. Wenn Sie die angebotenen Filter nicht wirklich mögen, können Sie sich über eine externe App auch selbst einen erstellen und den dann entsprechend in Ihren Fotos verwenden und sie danach direkt zu InstaGramm hochladen.

Suchen Sie sich auch einen bestimmten Wochentag und eine bestimmte Uhrzeit für Ihre Posts aus. Das ist deswegen wichtig, weil es bessere und schlechtere Zeiten für Posts auf Social Media Netzwerken gibt – und das sollten Sie so gut wie möglich ausnutzen. Zu diesen Zeiten sind erfahrungsgemäß die meisten Menschen online und genau dann ist es der ideale Zeitpunkt, um auch Ihre Posts online zu stellen. So können die Nutzer sich gleich Ihre neuesten Trends ansehen und sie werden nicht unter jeder Menge älterer Posts begraben. Ihre Zielgruppe wird sich darüber freuen, dass Sie Ihre Posts so online stellen, dass sie sich nicht alles doppelt und dreifach ansehen müssen – und Sie werden sich über die Aufmerksamkeit freuen können, die Ihr Profil dadurch erhält. Aber welche Zeiten sollten Sie sich denn gezielt für Ihre Posts vormerken? Hierzu haben wir Ihnen in den nächsten Absätzen einige Informationen zusammengestellt.

Sonntags

Sonntags ist der beste Tag für Ihre Posts, denn erfahrungsgemäß sind dann weniger "Poster" unterwegs – aber dafür immer noch viele, die sich die Posts ansehen möchten. Ich bekenne mich schuldig, mich auch in der Kirche durch die InstaGramm Posts durchzuscrollen – aber ich möchte zu der Zeit selbst nichts posten, da viele von meinen Freunden ebenfalls in der Kirche sitzen. Und sie sollten ja nicht wissen, dass ich bei der Predigt nicht aufgepasst habe. Ich sollte mich schämen, ich weiß – aber zurück zu unserem eigentlichen Thema.

Sonntags sind religiöse Posts nichts Ungewöhnliches, aber seien Sie damit ein bisschen vorsichtig. Unter Ihren Followers haben Sie wahrscheinlich Menschen mit unterschiedlichsten Lebenswegen und Hintergründen. Das Beste wäre es, wenn Sie ihre Posts eher mit einem spirituellen, als mit einem religiösen Hintergrund ausarbeiten würden. Und diese Posts können mit vielen verschiedenen Religionen in Verbindung gebracht werden anstatt nur mit einer bestimmten. Wenn Sie sich also dem Geist des Sonntags anschließen wollen, nutzen Sie dazu Posts, die sich damit beschäftigen, die Seele zu beruhigen. Achten Sie dabei aber auf den direkten Zusammenhang mit Ihrer Marke – ansonsten schaffen Sie bei Ihren Followers nur unnötige Verwirrung. Als Beispiel könnten Sie vielleicht ein Bild von einem Kind in einer ruhigen Körperposition teilen, dass gerade ein Videospiel spielt, mit der Kurzbotschaft "Immer schön ruhig bleiben – Ihre alte Konsole ist bald so gut wie neu."

Wenn Sie Sonntag für Ihre Posts nutzen, brauchen Sie sich nicht an eine bestimmte Zeit zu halten, da der Traffic auf dieser Plattform den ganzen Tag über praktisch konsistent bleibt. Es sind um 8 Uhr morgens praktisch genauso viele Menschen online wie um 8 Uhr abends. Stellen Sie die Sachen also immer dann ein, wenn es Ihnen am besten passt. Auch mehrmals am Tag, wenn Sie Lust dazu haben – holen Sie sich zusätzliche Follower (Lassen Sie aber eventuell die Zeit, in der Sie in der Kirche sind, ohne zusätzliche Posts verstreichen). Ihr Unternehmen wird es Ihnen danken und Sie werden bei dem Gedanken, dass Sie die Menschen unterhalten, ein gutes Gefühl bekommen. Besonders an dem Tag, an dem auf Instagram am Wenigsten los ist.

Soweit zu dem, was Sie am Sonntag tun sollten. Ein Comic Strip wäre auch eine Möglichkeit, falls Sie eine künstlerische Ader haben sollten. Manche Leute sind in die sogenannten „Sunday Funnies" richtiggehend vernarrt. Manche Menschen, die unter der Woche keine Zeitung mehr abonniert haben, holen sich beispielsweise nur wegen der Comicstrips die Sonntagszeitung. Sonntagsposts sind für Unternehmen deswegen so gut geeignet, weil man dadurch wesentlich mehr Sichtbarkeit erlangen kann als an anderen Tagen, an denen man sich an gewisse Tageszeiten halten muss, um eine gute Sichtbarkeit garantieren zu können. Wenn Sie am Sonntag Ihre Posts gezielt einsetzen, werden Sie viele Follower gewinnen – nicht zuletzt dadurch, dass dann auf Instagram nicht wirklich viel los ist. Damit eröffnen sich für Sie hervorragende Möglichkeiten, um für sich und Ihre Firma bekannt zu machen. Es ist sehr empfehlenswert, den Sonntag so gut wie möglich zu nutzen – und zwar mit Ihren wichtigsten Posts. Es ist sehr wahrscheinlich, dass Sie dann sehr gut wahrgenommen werden.

Zwei Uhr morgens

Ich weiß, was Sie sich jetzt denken: "Wer treibt sich um Himmels Willen um diese Zeit auf Instagram herum?!" Aber um die Wahrheit zu sagen: Davon gibt es einige. 70% der Menschen weltweit können die Nacht nicht durchschlafen. Und auch wenn Sie überall den Vorschlag hören, dass 8 Stunden Schlaf ideal sind – bei den meisten Menschen klappt das einfach nicht. Und 10% der Menschen kommen sogar blendend mit weniger als 6 Stunden pro Nacht aus. Diese Menschen kennt man oft unter der Bezeichnung "die schlaflose Elite", und man sieht sie oft die ganze Nacht über online. Erst ab ca. 4 Uhr schalten manche von Ihnen Ihren Laptop oder Ihr Tablet ab damit sie wenigstens noch etwas Schlaf bekommen bevor Sie sich auf den Weg zur Arbeit machen. Und der Rest dieser 70% ist zwischen zwei und drei Uhr morgens eine Weile wach – die Leute können entweder gar nicht schlafen, oder werden durch irgendetwas mitten in der Nacht geweckt. Das passiert viel mehr Menschen um uns herum, als man vermuten würde. Normalerweise scrollen sich diese Menschen während dieser Zeit durch Ihre Newsfeeds, sind aber zu müde um selbst etwas zu posten. Und wenn Sie dann nicht gerade jemandem folgen, der auf der anderen Seite der Erdkugel lebt, passiert auf Ihrem Newsfeed wahrscheinlich nicht allzu viel.

Und genau hier können Sie zuschlagen. Auch wenn Sie das für die unchristlichste Zeit des Tages halten, versuchen Sie es einfach einmal. Wenn Sie lange genug wachbleiben können, gut, aber wenn nicht, stellen sie Sie sich einfach um diese Zeit einen Wecker und legen sie sich nach Ihrem Post wieder schlafen. Um diese Zeit hat Ihr Post die größten Chancen, wahrgenommen zu werden, weil diejenigen, die um diese Uhrzeit wach sind, dann wahllos durch Ihren Newsfeed scrollen werden – und die Chancen stehen nicht schlecht, dass sie dabei genau an ihrem Post hängenbleiben, ganz einfach deswegen, weil er erst vor Kurzem online gestellt wurde. Sie werden sich diesen Post ansehen und danach noch weitere von Ihrer Seite. Solche nächtlichen Social Media Sessions können einen ganz schön verrückten Verlauf nehmen. Sie können sich zum Anfang z.B. Bilder von Baby-Pinguinen anschauen und dann feststellen, dass Sie plötzlich das Profil der Freundin der Ex-Freundin Ihres Bruders durchforsten. Also werden die Leute sich Ihre

Seite definitiv ansehen – und wenn Sie sie interessant genug gestaltet haben, springt vielleicht sogar die eine oder andere "Gefällt mir" - Angabe dabei heraus.

Die einzigen Nächte, in der auf Instagram wirklich viel los ist, sind Freitag auf Samstag und Samstag auf Sonntag. Zu der Zeit wird überall in Ihrer Umgebung Party gemacht – und es ist nicht ungewöhnlich für Instagramer, lange aufzubleiben und Bilder von Ihrer Partynacht oder aus dem entsprechenden Club zu posten. Vermeiden Sie daher diese beiden Tage und konzentrieren Sie sich lieber darauf, Ihre Wochenendposts am Sonntag online zu stellen. Andernfalls geht Ihr Post in der Schwemme der Party- und Wochenendbilder einfach nur unter – und stattdessen sehen die Nutzer Unmengen an offenen Bierdosen und Verrenkungen auf der Tanzfläche.

Wenn Sie also die 2 Uhr morgens Posts nutzen wollen, dann machen Sie das am besten unter der Woche. Den letzten Post sollten Sie spätestens am Freitag um 2 Uhr morgens absetzen – bevor die Woche vorbei ist und sich die Leute ins Partywochenende verabschieden. Wenn Sie es schaffen, sich die Aufmerksamkeit der "2am Instagramer" sichern können, haben Sie konstant Nutzer auf Ihrer Seite, die sich durch Ihre Posts scrollen werden. Nutzen Sie die zusätzliche Publicity, die Sie dadurch erhalten werden. Die meisten diese 2 Uhr morgens Nutzer trauen sich nämlich nicht, um diese Uhrzeit selbst etwas zu posten, da Sie fürchten, Unzusammenhängendes und Unsinniges von sich zu geben.

Es gibt ein paar verschiedene Dinge, die Sie in diesen 2am Posts unterbringen sollten. Durch diese Posts bekommen Sie die meisten Followers und damit auch die höchste Publicity mit "Gefällt mir"-Angaben und geteilten Beiträgen. Dadurch ziehen Sie nämlich um diese Uhrzeit die meisten Menschen an.

Witze und kleine Scherze sind immer eine sichere Angelegenheit, aber ganz besonders früh morgens ziehen Sie große Aufmerksamkeit auf sich. Das kommt daher, dass alles witziger ist, wenn man müde ist – und sogar die flachsten Pointen werden um diese Zeit zum Schenkelklopfer. Sorgen Sie für reichlich Humor und verwandeln Sie Ihr Produkt zum Beispiel in ein Meme und bringen Sie darin einen kurzen Einzeiler unter. Die Menschen lachen gerne – und sie werden sich auch darüber unterhalten wollen. Wenn wir etwas Lustiges sehen, wollen wir es sofort mit unseren Freunden teilen – weil wir nämlich der Meinung sind, dass sie es auch verdient haben, einmal so richtig herzhaft zu lachen.

Und noch etwas scheint die Menschen um diese Uhrzeit anzuziehen: Tiefgründige Gedanken. Die Art, die einen dazu bringt, sich über das Universum Gedanken zu machen. Nachts entspannt sich unser Geist am meisten – der Stress des Tages ist vorbei und wir haben Zeit und Ruhe, uns über die Dinge Gedanken zu machen, wie z.B: „Was wäre, wenn durch einen Meteor alles Leben auf der Erde zerstört werden würde?", „Wie konnten die Höhlenmenschen überleben?", „Wie hat das Leben nach den Eiszeiten wieder von vorne angefangen?" Genau damit beschäftigen wir uns mitten in der Nacht. Und wenn Sie zeigen, dass auch Sie derartig tiefgründige Gedanken haben, wird Ihrer Hörerschaft das zu schätzen wissen und Sie werden überrascht sein, wie viele Kommentare Sie dafür erhalten werden – und damit bekommen Sie auch einiges an Publicity. Und mehr Publicity bedeutet mehr Follower, mehr Follower höhere Verkäufe und damit auch mehr Geld. Und damit wächst dann auch Ihr Geschäft stetig an.

Fünf Uhr nachmittags

Um fünf Uhr nachmittags haben die meisten Menschen Feierabend – und versuchen, sich danach erst einmal richtig zu entspannen. Die meisten Leute scrollen nur ziellos durch die einzelnen Timelines, da Sie jetzt erst nach Hause gekommen sind und bis jetzt noch nichts gemacht haben, was interessant genug für einen Post wäre. Also schauen Sie sich halt ziellos um und versuchen herauszufinden, ob sie etwas Wichtiges in der Welt verpasst haben. Und das ist für Sie eine super Zeit zum Posten, weil mehr Menschen wach sind als um 2 Uhr morgens – allerdings werden um diese Zeit auch mehr Posts online gestellt, als es frühmorgens der Fall ist.

Jetzt ist genau die richtige Zeit, um Ihre Promotionen und Sonderangebote zu posten und Updates über Ihre Marke online zu stellen. Die Menschen werden die Posts sehen und wach genug sein, um auch etwas von Ihnen zu kaufen. Und damit werden Ihre Verkaufszahlen signifikant ansteigen und auch Ihre Finanzen eine sehr positive Entwicklung machen. Daher sollten Sie Ihre Sonderangebote unbedingt zu dieser Zeit posten.

Sie können aber auch Inhalte posten, die den Profilbesucher dazu auffordern, etwas Bestimmtes zu tun. Um diese Uhrzeit werden Sie hier eine wesentlich höhere Mitwirkungsrate erzielen können, als um jede andere Uhrzeit. Die Leute werden Kommentare hinterlassen, Ihre Stimmen abgeben, Ihnen ihre Meinung mitteilen etc. Um diese Zeit sind Sie sowieso damit beschäftigt, das aufzuholen, was Sie im Laufe des Tages verpasst haben. Also können Sie genauso gut etwas Neues anfangen, dem die Menschen folgen können.

Das sind also die besten Zeiten, sich in diesem Social Network herumzutreiben und die meiste Publicity für seine Posts erreichen zu können sowie einige der Methoden, die am besten funktionieren. Denken Sie daran, immer eine menschliche Komponente in ihren Posts mit durchklingen zu lassen. Je besser Sie das im Griff haben, desto mehr Menschen werden sich an Ihrer Seite beteiligen – ansonsten nehmen sie Ihre Seite nämlich schlimmstenfalls gar nicht zur Kenntnis.

Soviel wie möglich kommentieren

Kommentare sind nach den Hashtags das zweitbeste Instrument, um Aufmerksamkeit zu erreichen. Und das gilt nicht nur für die Leute, die unter Ihren Posts kommentieren – auch Ihre Kommentare unter den Posts anderer Menschen werden langfristig Wirkung zeigen. Und genau hier müssen Sie die Kommunikation mit anderen Menschen beherrschen – auch wenn Sie sich dabei mit Menschen unterhalten müssen, die Ihnen komplett fremd sind. Das ist ein bisschen einfacher, wenn Sie sich hinter einem Bildschirm verstecken können und sich im wahrsten Sinne des Wortes mit Ihrem Keyboard unterhalten – das Internet übernimmt den Rest für Sie. Aber seien Sie vorsichtig und bleiben Sie immer höflich. Für das Kommentieren anderer Posts brauchen Sie manchmal auch ein dickes Fell.

Kommentare sind wichtig, weil Sie damit auch Menschen erreichen können, an die Sie sonst nicht so schnell herangekommen wären. Und das hilft Ihnen wiederum dabei, Ihrem Unternehmen weitere Publicity zukommen zu lassen. Was Sie für Ihre Seite brauchen, sind Menschen mit verschiedenen Lebenswegen - daher müssen Sie auch anfangen, Kommentare für die verschiedensten Posts zu verfassen. Achten Sie hier darauf, niemanden bei Ihren Kommentaren auszuschließen. So erweitern Sie laufend Ihr Netzwerk und bekommen mehr Follower. Und als Ergebnis daraus werden Sie auch höhere Verkaufszahlen realisieren können.

Aber lassen Sie sich alles gut durch den Kopf gehen, bevor Sie sich Hals über Kopf ins Abenteuer stürzen. Wenn Sie unsere Tipps berücksichtigen, sollten Sie keine Probleme haben, mit Ihren Posts und Kommentaren die notwendige Aufmerksamkeit zu erzielen.

- Abwechslung als Schlüssel zum Erfolg: Sie müssen darauf achten, dass Sie Abwechslung in die Posts und Profile bringen, auf denen Sie kommentieren. Auch wenn Sie nicht wirklich Interesse daran haben, so sollten Sie sich doch die größte Mühe geben, auf das jeweilige Profil oder die jeweilige Person einzugehen. Sie wollen Ihr Produkt oder Ihre Message so weit wie möglich unter die Leute bringen – strecken Sie also die Fühler in alle Richtungen aus und beziehen Sie auch Ihre Hobbies und Celebrities in Ihre Kommentaraktivitäten mit ein. Suchen Sie sich einige aus, die etwas anders sind als die meisten anderen bzw. die die meisten Followers haben – und dann fangen Sie damit an, Inhalte zu kommentieren und die Aufmerksamkeit auf sich zu ziehen. Sie müssen nur über ein gewisses Grundwissen darüber verfügen, was Sie kommentieren – oder Sie versuchen es einmal mit einem kleinen Witz über den ursprünglichen Beitrag? Das funktioniert auch sehr gut. Im Zweifel haben Sie zwei Möglichkeiten: Einen Witz reißen – oder die Sache einfach aussitzen.

- Spamming vermeiden: Unter Spam verstehen wir an dieser Stelle ein Verhalten, bei dem derselbe Kommentar immer und immer wieder abgegeben wird. Das ist mehr als Nerv tötend. Niemand will jemandem folgen, der die Seite zuspammt – und man will eigentlich eine solche Person auch nicht unter seinen Followers haben. Auch in den Social Media Netzwerken gibt es eine gewisse Etikette die eingehalten werden sollte, wenn man den Post eines anderen Nutzers kommentiert. Und wenn man sich nicht daran hält, kann man leicht Follower verlieren –schlimmstenfalls wird sogar die eigene Seite geschlossen und das soll natürlich unbedingt vermieden werden. Dann muss man nämlich ein neues Profil eröffnen und wieder von vorne anfangen.

- Wie kann man das also am besten vermeiden? Ganz einfach: Hören Sie auf, Spamkommentare zu posten. In diesem Tipp geht es nur darum, wie Sie es am besten vermeiden können, ein Spammer zu werden – und wie Sie die Menschen davon abhalten können, Sie zu ignorieren oder sogar zu blockieren.

Dazu muss Ihr Kommentar zu erst einmal auch wirklich etwas mit dem originalen Beitrag zu tun haben. Das ist sehr wichtig – wenn Sie nämlich den Kommentar "Die beste Fotoausrüstung hier…" unter einen Beitrag über süße kleine Welpen setzen, werden die Leute annehmen, dass Sie ein Spammer oder ein Bot sind – und Ihren Kommentar vollkommen ignorieren.

Selbst wenn Sie nur eine bestimmte Aussage aus dem Post herauskopieren und einen Bezug zu dem herstellen, was Sie sagen wollen, ist das wesentlich besser als nur ein vollkommen zusammenhangloser Kommentar. Das, was Sie sagen, muss immer eine gewisse Relevanz haben. Stellen Sie sich die Sache einfach wie eine „normaler Konversation" vor. Schließlich wollen Sie ja auch nicht in einem Gespräch über Immobilien plötzlich gefragt werden: "Hast Du diesen Schokoriegel schon probiert? Der ist superlecker." Sie würden die entsprechende Person wahrscheinlich anschauen, als hätte er oder sie den Verstand verloren – und den Kommentar an sich würden Sie wahrscheinlich völlig links liegen lassen. Ganz ähnlich ist es auch mit Kommentaren. Auch hier müssen Sie eine Konversation am Laufen halten.

Sie sollten auch nie mehr als einen Kommentar zu einem Post abgeben, es sei denn, Sie werden ausdrücklich von jemand anderem erwähnt. Geben Sie nicht zu viele Kommentare ab und lassen Sie sich auch nicht auf unendlich lange Diskussionen auf einem öffentlichen Feed ein. Auch das gilt allgemeine als Spam und könnte den Verfasser des Originalbeitrages irritieren. Kommentare mag zwar jeder, aber niemand möchte sich durch eine Vielzahl an Kommentaren wühlen müssen, die entweder nichts mit dem originalen Post zu tun haben oder Dutzende an Links enthalten – nur damit alle ihren Senf dazugeben können. Die Verfasser möchten schnell sehen können, was über Ihre Posts gesagt wurde, ohne dafür stundenlang scrollen zu müssen. Daher sollten Sie darauf achten, nur jeweils einen Kommentar abzugeben – und sich nicht auf Diskussionen einzulassen. Und schreiben Sie nicht zu jedem Post, den eine bestimmte Person ins Netz stellt, einen Kommentar – ganz besonders dann nicht, wenn Sie den Poster nicht wirklich kennen und er Ihnen auch nicht folgt. Ansonsten handeln Sie sich ganz schnell den sogenannten "Stalker Status" ein – und das bedeutet, dass Sie den Postern unheimlich werden. Das kann dazu führen, dass sie einen unfreundlichen Beitrag auf der Seite über Sie veröffentlichen, nachdem Sie sie zuerst geblockt haben. Wenn Sie gemeinsame Follower haben, kann Sie das Follower kosten – weil diese nämlich auch ein ungutes Gefühl haben werden, wenn Sie ganz einfache Verhaltensregeln so einfach außer Kraft setzen. Seien Sie außerdem vorsichtig, wie Sie Ihre Kommentare formulieren. Sie müssen dabei immer darauf achten, als authentische Person wahrgenommen zu werden, die sich bemüht, mit anderen zu interagieren – nicht wie eine Seite, die von einem Roboter betrieben wird. Zeigen Sie Ihren Besuchern auch immer eine gewisse menschliche Seite, andernfalls kann es sein, dass Sie sich die ganze Mühe umsonst machen und gar nicht so viel verkaufen können, wie Sie gehofft hatten.

- Benutzen Sie Profile mit einem gewissen Bekanntheitsgrad. Das können Profile von Prominenten sein, großen Firmen, oder "Instagram-Berühmtheiten" – suchen Sie sich aus, was Sie möchten. Das Wichtigste ist, dass die Profile über 100.000 Follower haben. Hier sind die Kommentarspalten nämlich Gold wert. Es werden so viele Menschen diese Kommentarspalten besuchen, dass Sie einfach auffallen müssen. So steigen Ihre Seitenaufrufe und Sie gewinnen mit der Zeit neue Follower. Und diese Seiten haben auch eine höhere Hebelwirkung als Seiten mit nur 100 oder 200 Followers. Wenn Sie zum Beispiel bei Miley Cyrus einen Kommentar hinterlassen, werden Millionen von Menschen Ihren Kommentar innerhalb von einer Stunde sehen – und da muss einfach der eine oder andere Follower übrigbleiben. Je mehr Sie auf den Profilen berühmter Menschen Kommentare hinterlassen, desto größer die Chancen, wahrgenommen zu werden.

Aber auch hier müssen Sie wieder darauf achten, nicht ins Spammen zu verfallen. Es ist sehr einfach, von der ganzen

Flut an Kommentaren einfach weggeschwemmt zu werden, aber glauben Sie mir: Wenn Sie da einfach weitermachen, sei es mit Posts oder Kommentaren, dann wird es nur noch schlimmer. Die Menschen werden Ihre Kommentare schon nicht übersehen – machen Sie sich deswegen keine Sorgen.

- Den ersten Kommentar abgeben: Naja, Sie müssen jetzt nicht unbedingt den allerersten Kommentar abgeben, aber Sie sollten darauf abzielen, unbedingt unter den ersten 15 aufzutauchen. Das sind die sogenannten "Elite-Kommentare". Und sie bekommen mehr Aufmerksamkeit als alle anderen Kommentare – und mehr Aufmerksamkeit bedeutet in diesem Fall auch mehr Follower. Hier ein kleines Rechenexempel: Wenn Sie regelmäßig 100 Fotos kommentieren, bekommen Sie mit etwas Glück für 100 Kommentaren bis zu 10 Follower. Wenn Sie aber bei einem dieser 100 Kommentare in den Top 15 landen bekommen Sie wahrscheinlich für diesen einen Kommentar alleine schon 10 Follower. Und hier dreht sich das Verhältnis gewissermaßen um: aus 1/10 wird 10/1. Die Chancen bei der zweiten Variante stehen wesentlich besser als bei der ersten.

Das sind also die Erfolgsgeheimnisse beim Kommentieren auf Instagram. Wenn Sie diese Tipps befolgen, sollten Sie keine Probleme damit haben, genügend Follower für Ihr Profil zu erhalten. Sie müssen lediglich auf das richtige Timing achten und die richtigen Leute als Hebel einsetzen und dürfen sich nicht zum Spammer entwickeln. Das sind die wichtigsten Dinge, die Sie nie vergessen sollten.

Recherche

Eine gute Recherche ist für Instagram besonders wichtig. Diese wird im weiteren Verlauf beim Erfolg des Unterfangens "Mehr Follower" von entscheidender Bedeutung sein. Besuchen Sie hierzu auch anderer Profile die viele Follower haben und versuchen Sie herauszufinden, was sie so erfolgreich macht. Und das erfordert auch ein bisschen Spionagearbeit – schließlich wäre ein Geheimnis ja kein Geheimnis, wenn es jeder kennen würde. Und hier zeigen wir Ihnen, wie Sie am besten andere Profile daraufhin ausspionieren, welche Techniken Sie zum Aufbau Ihres Follower-Netzwerkes nutzen können.

Im Schatten der großen Unternehmen

Der Tatsache, dass Sie auf Ihrem Instagram-Profil großen Unternehmen werden folgen müssen, werden Sie nicht entkommen können – warum nutzen Sie diese Tatsache nicht einfach aus so gut Sie können? Es gibt so viele Unternehmen da draußen – und die meisten achten noch nicht einmal darauf, wer genau Ihren Accounts folgt – also schadet es auch nichts, in deren Windschatten Ihre Techniken auszuprobieren. Die großen Unternehmen haben in der Regel eine Unmenge an Followern, also können Sie sich dort auch genauso gut mit einreihen und versuchen herauszufinden, wie Sie Ihre "Fanbase" auch ein bisschen größer machen können. Das tut niemandem weh und sie können viel dabei gewinnen. Das soll Ihnen auch keinesfalls peinlich sein – seien Sie lieber ein bisschen bauernschlau und nutzen Sie den Erfolg anderer so gut wie möglich für sich selbst. Dazu brauchen Sie lediglich versuchen, die Techniken der "Big Player" zu kopieren.

Versuchen Sie als erstes herauszufinden, was genau die "menschliche Note" des Profils ausmacht. Manche Profile laufen vollautomatisch ab, andere werden von Angestellten betreut. Sie werden feststellen, dass diejenigen, hinter denen sich tatsächlich Menschen verstecken, normalerweise auch eine größere Anzahl an Followern aufweisen können. Und sehr wahrscheinlich wird auf diesen Profilen auch der Traffic höher sein. Wenn Sie sich also eine größere "Fanbase" mit mehr Interaktionen aufbauen wollen, automatisieren Sie so wenig wie möglich. Das gehört mit zu den wichtigsten Punkten, die Sie beachten sollten. Immer schön "Mensch" bleiben – auch auf Ihrem Social Media-Profil.

Schauen Sie sich weiterhin auch an, wie gepostet wird. Geht es da wirklich immer um das eigentliche Geschäft – oder werden auch andere Dinge gepostet? Wenn nur über die eigenen Produkte geschrieben wird, werden Sie feststellen, dass das einen Einfluss auf die Anzahl der Follower hat. Profile, die mehr Interaktivität und Abwechslung bieten, haben gemeinhin eine größere Basis an Followern. Daraus erkennen Sie, dass auch Sie nicht ständig über Ihre eigenen Produkte schreiben müssen – schreiben Sie stattdessen auch einmal über das, was in der Welt vorgeht. Es ist gut möglich, dass Ihre Follower dann interaktiver reagieren werden.

Sie müssen auch immer ein Auge darauf haben, wie die Menschen auf Ihre Posts reagieren. Antworten Sie immer mit dem gleichen Link, egal, welche Frage gestellt wurde? Oder wird versucht, auf die Fragen so genau wie einzugehen, um den Kunden Zeit und Frustration zu ersparen? Bei der zweiten Option ist die Erfolgschance wesentlich höher als bei der ersten, halten Sie sich daher auch daran. Es wäre für Sie zwar einfacher, die Menschen auf eine Selbsthilfe-Seite oder FAQ Liste weiterzuleiten, aber eine Antwort von einer Person zu bekommen, die sich tatsächlich mit dem Problem auseinandergesetzt hat, ist doch noch etwas ganz anderes. Damit ist Ihren Followern tatsächlich geholfen und Sie sind gut beraten, diese Option auch für sich auszunutzen. Immerhin handelt es sich ja um Ihre Marke – und darüber sollten Sie doch besser Bescheid wissen als alle anderen, oder nicht? Ganz besonders, wenn es sich um Ihre Entwicklung handelt. Schenken Sie Ihren Kunden einfach ein bisschen von Ihrer Zeit – und Sie werden daraus Kunden gewinnen, die immer wieder gern zu Ihnen zurückkommen.

Behalten Sie die Konkurrenz im Auge

Das ist noch ein Aspekt, den Sie unbedingt im Auge behalten sollten. Wenn es Firmen gibt, die ähnliche Produkte verkaufen wie Ihre Firma, sollten Sie deren Aktivitäten im Auge behalten. Auf diese Weise können Sie herausfinden, wo Sie die Nase vorn haben und wo

Sie eventuell im direkten Vergleich noch Nachholbedarf haben. So können Sie herausfinden, ob noch Nachbesserungen notwendig sind und sich ansehen, was Sie noch ändern müssen, um weitere Follower zu gewinnen. Das ist deswegen wichtig, weil Ihre Seite so gut wie möglich sein soll – schließlich sollen die Kunden ja Ihr Produkt kaufen und nicht das der Konkurrenz?

Schauen Sie sich an, wem Ihre Konkurrenten folgen und versuchen Sie, den gleichen Menschen oder Firmen zu folgen. Kommentieren Sie die gleichen Beiträge wie Ihre Konkurrenten und sorgen Sie dafür, dass die Menschen sich für Ihre Firma und nicht Ihre Konkurrenz entscheiden. Seien Sie damit aber vorsichtig und beachten Sie die Grenzen des Copyrights. Behalten Sie hier eventuelle Einschränkungen im Hinterkopf.

So, damit haben wir Instagram als Plattform auch besprochen. Richtiges Marketing an dieser Stelle kann Ihnen viele Neukunden bringen, wenn Sie sich geschickt anstellen. Denken Sie immer daran: Bleiben Sie authentisch, seien Sie aktiv und interaktiv. Lassen Sie Ihr Profil nicht automatisiert ablaufen und ignorieren Sie Ihre Followers nicht. Jeder Ihrer Followers ist ein potenzieller Kunde. Bleiben Sie daher also bescheiden.

KAPITEL 9

Ziele

Das Wichtigste, was Sie hier im Hinterkopf behalten müssen, ist, dass Sie mit Ihren Marketing-Aktivitäten in erster Linie gewisse Ziele verfolgen. Und diese Ziele müssen nicht unbedingt in direktem Zusammenhang mit Social Media stehen – denken Sie hier unbedingt auch direkt an Ihre Firma.

Nur durch das Verfolgen von Zielen kommen wir langfristig voran – und wenn Sie keine Ziele haben, werden Sie sich schwer damit tun, mit Ihrem Unternehmen Fuß zu fassen. Wenn Sie sich nicht ständig selbst antreiben, auch mit dem, was Sie selbst geschaffen haben, werden Sie irgendwann merken, dass eine Art Plateau entsteht und sie nicht mehr weiterkommen.

Auch wenn Sie nicht jedes Ihrer Ziele erreichen, Sie sollten dennoch etwas haben, wonach Sie streben können. Aber bleiben Sie dabei realistisch – dann wird es mittelfristig leichter, sie auch zu erreichen.

Kapitel 10: Wiederholung

Denken Sie immer daran: Wenn Sie sich selbst vermarkten, müssen Sie darauf achten, nicht wie ein Roboter zu agieren. Bleiben Sie in allen Posts immer menschlich.

Nutzen Sie alle diese Social Media Sites, um Ihre Fangemeinschaft zu vergrößern und Ihre Verkaufszahlen zu steigern.

Humor und Leichtigkeit sind hier Erfolgsgeheimnisse – präsentieren Sie sich nicht als steif oder unnahbar. Aber Achtung: Gestalten Sie das Ganze nicht zu schmalzig – immerhin soll ja alles auch noch professionell rüberkommen. Finden Sie hier die richtige Balance.

Und schätzen Sie jeden, aber wirklich jeden einzelnen Ihrer Kunden – und zeigen Sie das auch. So werden Sie Ihrer Firma langfristig treu bleiben.

Zusammenfassung:

Vielen Dank noch einmal, dass Sie sich für *Social Media Marketing- Wie Sie Facebook, SnapChat und InstaGram in den Griff bekommen,* entschieden haben. Ich hoffe, Sie können einen großen Nutzen aus diesem Buch ziehen und dass es auch einen gewissen Unterhaltungswert für Sie hat.

Wenn Ihnen das Buch gefallen hat, würden wir uns freuen, wenn Sie eine Review auf Amazon hinterlassen und das Buch mit Ihren Freunden teilen. Vielen Dank!